W0065662

Werner Gitt

# Logos oder Chaos

Aussagen und Einwände
zur Evolutionslehre
sowie eine tragfähige
Alternative

Hänssler-Verlag
Neuhausen-Stuttgart

Herausgeber:
Horst W. Beck, Dr.-Ing., Dr. theol. habil., Lehrbefugnis für
Systematische und Interdisziplinäre Theologie an der Universität
Basel; Lehrauftrag an der Universität (TH) Karlsruhe

Langgasse 22, D-7290 Freudenstadt

Theodor Ellinger, Prof. Dr.-Ing., Dr. rer. pol., Direktor des
Industrieseminars der Universität Köln

Am Waldhang 15, D-5062 Hoffnungsthal

Heiko Hörnicke, Prof. Dr. med. vet., Institut für Zoophysiologie
der Universität Hohenheim

Kanalstraße 12, D-7024 Filderstadt 4

Hermann Schneider, Prof. Dr. rer. nat., Institut für
Hochenergiephysik der Universität Heidelberg

Rainweg 1/1, D-6900 Heidelberg

CIP-Kurztitelaufnahme der Deutschen Bibliothek

**Gitt, Werner:**
Logos oder Chaos: Aussagen u. Einwände zur
Evolutionslehre sowie e. tragfähige Alternative
/ Werner Gitt. – Neuhausen (Stuttgart):
Hänssler, 1980.
   (Wort und Wissen)
   ISBN 3-7751-0502-6


VERÖFFENTLICHUNG der Studiengemeinschaft
WORT UND WISSEN e. V.,
Schriftleitung: H. W. Beck, Freudenstadt

Best.-Nr. 82 904

© Copyright 1980 by Hänssler-Verlag, Neuhausen-Stuttgart
Umschlaggestaltung: Daniel Dolmetsch
Gesamtherstellung: Ebner Ulm

# Begleitwort der Herausgeber

Als vor Jahresfrist die Reihe WORT UND WISSEN begann, wurde die spezifische Aufgabe wie folgt umrissen: »Die Reihe WORT UND WISSEN möchte Orientierungshilfen geben, indem sie in eine Diskussion der Brennpunkte im Spannungsfeld Glaube – Wissen eintritt. In einer von Wissenschaftsgläubigkeit geprägten Zeit möchten Herausgeber und Autoren zeigen, daß alle Daten und sogenannten ›Tatsachen‹ der Welt, die in Technik, Wissenschaft und Wirtschaft präsent sind, besser und stichhaltiger aus der biblischen Diagnose gedeutet werden können als aus den sogenannten Eigengesetzlichkeiten und Zufälligkeiten dieser Welt.« Nach der lebhaften Resonanz auf die ersten fünf Bändchen und dem Eingang neuer Manuskripte ist es folgerichtig, daß die Herausgeber das Grundkonzept kritisch überprüfen und weiterentwickeln.

Einerseits gehört zur spezifischen Aufgabe der Reihe, der biblischen Botschaft fern stehende Wissenschaftler durch eine neuartige Betrachtung ihrer eigenen wissenschaftlichen Probleme und Ergebnisse zur Blickweitung über den Fachhorizont anzuregen und sie auf biblische Alternativen hinzuweisen. Diesem Anliegen dienen Bändchen, die unter betonter Zurückhaltung des eingenommenen Glaubensstandpunktes aus fachlicher Kompetenz zu einem wichtigen Problem Stellung nehmen, dabei aber den bloß fachwissenschaftlichen Horizont bewußt aufsprengen. Andererseits erreichen die Bändchen Christen, die Orientierung wünschen, wie man seinen Glauben mit einem intellektuell nicht belasteten Gewissen angesichts der Tatsachen und wissenschaftlichen Erkenntnisse heute vertreten kann. So muß die Reihe von ihrem tatsächlichen Leserkreis her eine gewisse Bandbreite von der Themenstellung und den möglichen Zugangsweisen gewähren.

Das Bändchen von Prof. Werner Gitt ist bewußt als Bekenntnis eines an die biblische Botschaft glaubenden Wissenschaftlers und Ingenieurs konzipiert. Der Leser wird eingeladen, den Weg in aktuelle Probleme der Informatik und Biokybernetik, für die der Autor Kompetenz besitzt, mit ihm von dieser Warte aus zu gehen. Es ist fair, daß der Autor seinen Ausgangspunkt umreißt und seinen von daher geprägten Zugang zu Problemen der Wissenschaft und Schöpfung beschreibt. Auch eine solche Zugangsweise soll in der Reihe »WORT UND WISSEN« Raum haben. Bei allen Unterschieden, die die verschiedenen Autoren in Ausgangspunkt, Konzept und Stil einbringen, soll eine wissenschaftlich qualifizierte und an Hand des Datenmaterials überprüfbare Darstellungsweise für die Buchreihe verpflichtend bleiben.

Wie schon beim Start betont, will die Reihe zum Dialog anregen. Die Herausgeber sind deshalb für kritische Stellungnahmen der Leser dankbar.

Beck, Ellinger, Hörnicke, Schneider

# Inhaltsverzeichnis

# Vorwort

In Massenmedien, philosophischen, theologischen und naturwissenschaftlichen Abhandlungen wird immer wieder über die Herkunft des Lebens und dieser Welt geschrieben, diskutiert und leider auch viel zu viel spekuliert. Dieses Thema gehört zu den Kernfragen überhaupt, denn nur der Mensch stellt die Frage nach dem Woher? Wozu? Wohin?

Die breite Palette von ideologischen, pseudowissenschaftlichen und populärwissenschaftlichen Darlegungen bis hin zu den Fachbeiträgen verschiedener Wissenschaftszweige bietet – wenn auch mit unterschiedlich heftig vertretener Dogmatik – die sogenannte Evolutionstheorie als scheinbare Antwort auf diese grundsätzliche Frage an. Ob direkt genannt oder nur unterschwellig mitlaufend, gründet dieses Gedankengebäude auf der einen Voraussetzung: Es gibt keinen Gott, und demzufolge werden nur jene Erklärungsversuche akzeptiert, die bewußt materialistisch begrenzt sind. Das führt zu einem naturwissenschaftlich-philosophischen Dogmatismus, der sich nicht allein auf die Wirklichkeit stützt, sondern auf einem weitgefächerten Hypothesensystem basiert.

Es soll in dieser Schrift dargelegt werden, daß diese Basis nicht zur vollständigen Erklärung allen Seins ausreicht und mit dem bekannten naturwissenschaftlichen Faktenwissen nicht in Konsens zu bringen ist. Hingegen erlaubt die biblische Offenbarung eine mit der Naturwissenschaft – solange wir hierunter nur diejenige Beschreibung der Wirklichkeit verstehen, die durch Wägen und Messen belegbar ist – übereinstimmende Deutung unserer gesamten Welt und des Lebens. Der Hauptgedanke der folgenden Ausführungen geht darum von der Voraussetzung aus, daß jedes geschlossene und Gott als

9

Schöpfer und Erhalter des Lebens nicht enthaltende System prinzipiell ungeeignet ist zum vollen Verständnis der Wirklichkeit. Die biblische Darstellung der Welt und des Menschen ist darum sowohl eine Absage an alle spekulativen Evolutionshypothesen wie auch an alle dogmatischen Absolutheitserklärungen naturwissenschaftlicher Forschungsergebnisse. Für denjenigen, der letztgültige Wahrheiten sucht, kann darum die Rangfolge nur lauten: biblische Offenbarung hat Priorität vor naturwissenschaftlich-philosophischer Weltdeutung. Wer so arbeitet, wird erleben, daß er die Deutung seiner Forschungsergebnisse nicht mehr zu korrigieren braucht, sofern zu diesem Komplex die Bibel eine Aussage trifft. Die Naturwissenschaft kann uns einen **Einblick** in das Wesen dieser Welt vermitteln, aber nur die Bibel gibt uns auch den nötigen **Durchblick.**

In dem vorliegenden Buch soll das Gedankengut der Evolutionstheorie durch ihre Vertreter reichlich zu Wort kommen, um einen hinreichenden Eindruck von dieser Denkweise zu vermitteln. Die Aussagen werden an Hand des naturwissenschaftlichen Faktenwissens, aber auch aus biblischer Sicht kritisch beleuchtet. Nach dem biblischen Zeugnis ist der Schöpfer an den Werken der Schöpfung erkennbar (Röm. 1, 20), darum soll in diesem Sinne auf mancherlei Details und Wunderwerke hingewiesen werden. Eine solche deduktive Denkweise ist uns auch aus den Naturwissenschaften sehr geläufig, so daß bei dieser Betrachtungsart dem Leser – unabhängig von seinem derzeitigen Glaubensstand – kein neues Denkprinzip abverlangt wird. Die Auswahl der Themen kann in diesem Rahmen nur eine begrenzte sein, dennoch wurde versucht, auch auf solche Fragen einzugehen, die dem Verfasser bei Vorträgen zu dieser Thematik immer wieder gestellt werden.

Der Autor möchte insbesondere jene Zeitgenossen ansprechen und zum Überdenken eigener Positionen anregen, die durch die einseitig auf die Evolution ausgerichtete Lehre an Schulen und Universitäten zurückzuführen sind und wodurch viele ungewollt in eine Sackgasse des Denkens gerieten.

Der Leser möge den nachstehend genannten Maßstab der Prüfung anlegen, bevor er die dargelegten Aspekte als die eigenen übernimmt oder ablehnt, nämlich gemäß 1. Thess. 5, 21: »Prüfet aber alles, und das Gute behaltet.«

Dem Schriftleiter der Buchreihe, Herrn Dr. *Horst W. Beck,* möchte ich an dieser Stelle für die Idee zu diesem Buch sowie für die angenehme Zusammenarbeit bei der Herausgabe danken. Herrn Dr. *Immo Weyer* sowie den Herausgebern, den Herren Prof. Dr. *Th. Ellinger,* Prof. Dr. *H. Hörnicke* und Prof. Dr. *H. Schneider* danke ich für wertvolle Hinweise, die sie mir bei der Durchsicht des Manuskriptes gaben.

*Werner Gitt*

# 1. Naturwissenschaft und Glaube

Die Naturwissenschaften sind darum bemüht, Fakten aus der uns umgebenden Wirklichkeit von Raum und Zeit durch die verschiedensten Methoden des Messens und Wägens zu ermitteln, zu systematisieren und in Form von (in der Regel statistischen) **Naturgesetzen,** vereinfachenden Modellen, Theorien oder Hypothesen zusammenzufassen oder zu erklären. Ein **Modell** ist solch ein Bild von der Realität, das die für wesentlich gehaltenen Aspekte darstellt und weiterhin durch seine Anschaulichkeit ausgezeichnet ist. Da Modelle häufig nur Näherungen der wirklichen Sachlage darstellen und dadurch verbesserbar sind, tragen sie den Charakter der Vorläufigkeit. Sind Tatsachen und Modellvorstellungen mit Hypothesen zu einem Ganzen verarbeitet, so spricht man von einer **Theorie.** Das ihr unausweichlich anhaftende hypothetische Element bringt in alle Erkenntnis durch Theorie Unsicherheit und Wahrscheinlichkeit ein. Eine **Hypothese** ist hingegen eine wissenschaftliche Annahme mit spekulativer Komponente, die eine lückenhafte empirische Erkenntnis ergänzt oder als Vermutung die vorläufige Erklärung einer Tatsache darstellt. Die Hypothese sollte nur solange gehalten werden, wie sie mit sicherem Faktenwissen nicht im Widerspruch steht, andernfalls wird sie zur bloßen **Fiktion,** zur **Lehrmeinung,** zum **wissenschaftlichen Dogma** oder zur **ideologischen Doktrin** nach dem Motto: »Was nicht sein darf, kann nicht sein.«

Die Wissenschaft hat im modernen Leben einen so hohen Rang erreicht, daß sie für viele Menschen an die Stelle des Glaubens getreten und damit zum Religionsersatz der Gegenwart geworden ist. Man »glaubt« der Wissenschaft. So sehr wir einerseits die wirtschaftskritischen Modellrechnungen und Prognosen des »Club of Rome«

begrüßen, müssen wir andererseits die jüngste Erklärung seines Gründers und Präsidenten *Aurelio Peccei,* daß alle bisherigen Religionen, Tabus und Wertsysteme veraltet seien, eindeutig und klar zurückweisen. Es ist beklagenswert, daß hier im Namen der Wissenschaft mit leichtfertiger Hand christliche Maßstäbe beiseite geschoben werden, obwohl gerade in der heutigen Weltlage verbindliche sittliche Normen notwendiger denn je sind.

So groß mancherlei wissenschaftliche Resultate sind, finden wir doch immer wieder das immanente Gesetz der Naturwissenschaft bestätigt, daß die Wahrheit von heute der Irrtum von morgen sein kann. Darum ist es gut, zu bedenken, daß unserem Erkennen Grenzen gesetzt sind. Der Biologe *P. Sitte* [89] sagt: »Wir leben in einer Welt, die wir nicht erfassen können. Wir Naturforscher können das, was sich unseren Methoden verweigert, nicht zum Gegenstand unseres Forschens machen: Weh dem, der seine Grenzen nicht kennt.« Die Naturwissenschaft kann keine Aussage machen über das »Woher?« und »Wohin?« dieser Welt oder über den Sinn des Lebens. Hier würde sie ihren vorgegebenen Rahmen sprengen. *H. Mohr* [89] hat die Frage, ob die Wissenschaft versagt habe, so beantwortet: »Nein, wenn man auf ihre Leistungen und ihr Ethos blickt. Ja, in dem Maße, in dem sie es versäumt hat und weiterhin versäumt, sich über die Grenzen ihrer Leistungsfähigkeit Rechenschaft zu geben.«

Der Wissenschaftstheoretiker *G. Radnitzky* [79] setzt als **Wissenschaftsziel** den Erkenntnisfortschritt, zu dessen Klärung gleichzeitig ein Wissenschaftsideal zu artikulieren ist. Er umreißt vier Desiderata (lat., Wünschenswertes):

1.  Die Wissenschaft soll auf die vom Standpunkt der Erkenntnis der Wirklichkeit wichtigen Fragen Antwort geben.

2. Die Antworten sollen wahr sein.
3. Das System von Sätzen soll deduktiv aufgebaut sein (Schluß vom Allgemeinen zum Speziellen).
4. Die Antworten sollen als wahr erkennbar sein. Es wird eine unfehlbare Feststellungsmethode für die Wahrheit eines bestimmten Satzes gewünscht, d.h. Gewißheit der Aussage.

Dieses attraktive Wissenschaftsziel ist sowohl auf induktivem als auch auf deduktivem Wege rein naturwissenschaftlich nicht erfüllbar. Es kommt darum immer wieder vor, daß beobachtete Fakten mit **standpunktabhängigen, ideologisch bedingten** Aussagen vermischt werden. Insbesondere im Bereich der Evolutionstheorie gewinnt man beim Studium der Literatur die Überzeugung, daß solche ideologisch gebundene Hypothesenbildung im Vordergrund steht und häufig eher einem Glaubensbekenntnis ähnelt denn einer Darstellung gefundener naturwissenschaftlicher Fakten. Beispielhaft soll dies an einem Zitat aus einer wissenschaftlichen Publikation des Nobelpreisträgers *Konrad Lorenz* [65] gezeigt werden:

»Ich glaube fest, daß man bei höheren Tieren ... grundsätzlich alle vorgefundenen Merkmale ebenso wie die ganze Mannigfaltigkeit der Arten aus den von *Charles Darwin* gefundenen Erklärungsprinzipien verständlich machen kann. Ich glaube, ... daß die Konkurrenz zwischen nahverwandten Formen genügt, um die Entwicklungsrichtung zum Differenzierteren, Komplexeren, Höheren hin zu erklären.«

Nach *Einstein* (1879–1955) sind Begriffe freie Erfindungen und die Axiome oder Grundgesetze einer Theorie Vermutungen. Sie können nach *Einstein* [23] nicht aus Erfahrungen oder Beobachtungen abgeleitet oder induktiv erschlossen werden. Andererseits sollte eine Theorie

15

die Ableitung von Sätzen erlauben, die experimentell geprüft werden können, und hierin liegt ihr Wert. Wissenschaft erfordert drei menschliche Tätigkeiten:

- Erfinden und Vermuten,
- Beobachtung und Experiment,
- logisch-mathematisches Schließen.

Dieser von *Einstein* genannte Prozeß der Erkenntnisgewinnung zeigt an, daß Naturwissenschaft nicht ein Komplex von feststehenden Wahrheiten, sondern ein sich dauernd entwickelnder Versuch ist, die Wirklichkeit der uns umgebenden Welt zu beschreiben.

Häufig werden insbesondere von Evolutionisten philosophisch-ideologische Spekulationen und antibiblische Glaubenssätze in naturwissenschaftlicher Tarnung formuliert. Der Leser mag sich an Hand der folgenden Zitate selbst ein Urteil bilden:

Der Mikrobiologe *R. W. Kaplan* [51]:
»Die Potenz, sich so in einem langen Prozeß zu Leben hin zu entwickeln, ist offenbar schon in der Beschaffenheit der Elementarteilchen und der daraus – ebenfalls ›von selbst‹ – entstehenden Atome verankert.«

Aus einem Schulbuch:
»Die Ursuppe erschuf den ersten Einzeller, aus dem sich alles Leben entwickelte.«

Der Biologe *J. Illies* [46]:
»Mit dem Wort ›Evolution‹ beschreiben wir diese Erscheinung des Hinaufdrängens, dieses neue Gesetz, das in die Materie fährt wie ein erster Geistesblitz, wie ein Befehl, und sie so in die Aufwärtsbewegung zwingt.«

Das sind nicht nur Hypothesen mit einem gewissen Realitätsbezug, sondern hier begegnet uns ein auf reine Spekulation gegründeter starrer Dogmatismus [72]. So schreibt *J. Scheven* [84]:

»Die offizielle, an unseren Schulen vermittelte Evolutionslehre trägt durch ihren Ausschließlichkeitscharakter den Stempel ideologischer Einseitigkeit ... Damit wird die Schulbiologie potentiell zum ›Gesinnungsfach‹.«

Der Rat eines Mannes wie *Sherlock Holmes* [97] ist sicherlich auch für einen Naturwissenschaftler von Nutzen:
»Es ist ein schwerer Fehler, Theorien aufzustellen, bevor man Daten besitzt.«

Die Naturwissenschaften sollen nicht versuchen, die Welt zu deuten, sondern sie an Hand vorliegender Fakten zu beschreiben und zu erfassen. So sagt *P. Sitte* [89]: »Wir haben keine Möglichkeit, von Ausmaß und Art des Bekannten auf Ausmaß und Art des noch Unbekannten zu schließen. Das naturwissenschaftliche Weltbild ist also ein Fragment und wird es notwendigerweise auch bleiben.«

Im Bereich der Evolution wird gegen diese Einsicht besonders hart verstoßen. So schreibt *J. H. Jauncey* [48]: »Die Natur weist eine Unzahl von Merkmalen auf, die sich nicht damit erklären lassen, daß sie im Kampf um den Fortschritt von Nutzen sind. Als Beispiel sei das Gehirn erwähnt, das über weit mehr Merkmale verfügt, als zum bloßen Fortbestand des Menschen notwendig wären. Die Idee der natürlichen Auslese kann – ohne Krampf – für Schönheit, Kultur, Musik und ähnlichen Reichtum des Lebens keine Erklärung geben. Das schüchterne und verwundbare Schaf überlebte, während wilde und gefährliche Reptilien ausgestorben sind.«

Anders sieht es mit der biblischen Offenbarung Gottes aus. Der Verfasser ist der Überzeugung, daß die Bibel in erster Linie ein Buch des Glaubens und des Zeugnisses vom Handeln Gottes ist. Außerdem wird uns eine Fülle von Fakten genannt, die auch Antworten auf naturwissenschaftliche Fragestellungen geben. Die von der Bibel bezeugte Wirklichkeitsdeutung hat sich im Gegensatz zu den zeitbedingten menschlichen Weltbildern noch nie als korrekturbedürftig erwiesen. Daher ist es müßig, einen Bibeltext daraufhin zu untersuchen, ob er mit der derzeitigen wissenschaftlichen Ansicht übereinstimmt oder nicht. Nach einiger Zeit wird sich durch fortschreitende Erkenntnis die naturwissenschaftliche Ansicht geändert haben. Eine vielleicht in guter Absicht und mit viel Gedankenakrobatik erstellte Harmonisierung wird hinfällig. Wo sich zeitlich bedingte Widersprüche ergaben, lagen sie in einem falschen Wissenschaftsverständnis begründet. Es hatten sich Philosophie und Wissenschaft vermischt.

Der nicht vom Glauben her argumentierende Informatiker *Karl Steinbuch* [90] sagt zu dem Komplex Glaube und Wissenschaft:
»Der Unterschied zwischen ›Glauben‹ und ›Wissenschaft‹ besteht in der Art der Informationsquelle und der Informationsübermittlung, vor allem aber des Wahrheitskriteriums.«

Zur Wahrheitsfrage der Wissenschaft bemerkt er erläuternd: »Seit *Galilei* hat sich in den Naturwissenschaften das Prinzip durchgesetzt, daß Beobachtungen den Vorrang vor Lehrmeinungen haben.« Sucht man dieses Prinzip im Bereich der Evolutionslehre, so bleibt festzustellen, daß es keinerlei Beobachtungen in der Natur gibt, die den Übergang einer Art in die andere bezeugen oder die den Übergang vom Einfachen zum Komplexeren hin belegen. Eine solche Annahme würde auch einem grundlegenden physikalischen Gesetz, dem zweiten Hauptsatz der Thermodynamik, widersprechen. Wir haben es also lediglich mit einer ideologisch bedingten, vorgefaßten

Lehrmeinung zu tun, die – wie wir noch sehen werden – ihre Wurzeln im Materialismus und Atheismus hat. So wird der Zufall zu einer grandiosen Idee und zu einem alles erklärenden Mechanismus postuliert. Der Nobelpreisträger *J. Monod* hat dies in seinem Buch »Zufall und Notwendigkeit« beredt dargetan [68]:

»Der reine Zufall, nichts als der Zufall, die absolute, blinde Freiheit als Grundlage des wunderbaren Gebäudes der Evolution – diese zentrale Erkenntnis ... ist heute nicht mehr nur eine unter anderen möglichen oder wenigstens denkbaren Hypothesen; sie ist die einzig vorstellbare.«

# 2. Erkenntnisradien und Wirklichkeitsbereiche

All unserer Erkenntnis sind Grenzen gesetzt. Jedem ehrlichen Forscher wird es so ergehen, daß er letztlich zur Demut gelangt, wenn ihm die Grenzen des Erkennens bewußt werden. Die Reichweite in der Erkenntnis der Wirklichkeit soll durch *Bild 1* in vereinfachter Weise veranschaulicht werden. Danach können wir einen gewissen Bereich der Wirklichkeit, den wir mit $W_1$ bezeichnen, mit unseren **5 Sinnen** erfassen. $R_1$ sei dabei der **Erkenntnisradius.** Darüber hinaus ist allein mit den Sinnen nichts erfaßbar. So kann das Auge nur den Wellenlängenbereich von $0,36-0,8\,\mu$ wahrnehmen.

Mit Hilfe von Meßinstrumenten und der **naturwissenschaftlichen Forschung** erfährt der Erkenntnisradius eine erhebliche Erweiterung. So umfaßt die physikalisch ermittelte Wirklichkeit im Bereich der Wellenlängen die Größenordnung von $10^{-12}$ (kosmische Strahlen) bis $10^9$ mm (elektrische Wellen). Würde man auf einer linearen Wellenlängenskala den Bereich des mit dem Auge wahrgenommenen Lichtes 1 cm lang zeichnen, so müßte die gesamte Skala eine Länge von 22,7 Millionen km haben. Bemerkenswert ist, daß auf Sinnestäuschungen beruhende Irrtümer in der Wirklichkeitserfassung bis $W_1$ durch den gegenüber $R_1$ größeren Erkenntnisradius $R_2$ aufgedeckt und korrigiert werden können. Dennoch ist und bleibt größte Bescheidenheit das Angemessene. *Konrad Lorenz* [64] hat das so ausgedrückt: »Unsere wissenschaftliche Erkenntnis hat kaum die Oberfläche ihrer komplexen Ganzheit angekratzt, unser Wissen steht zu unserem Unwissen in einer Relation, deren Ausdruck astronomische Ziffern erfordern würde.«

Eine noch größere Reichweite der Wirklichkeitser-

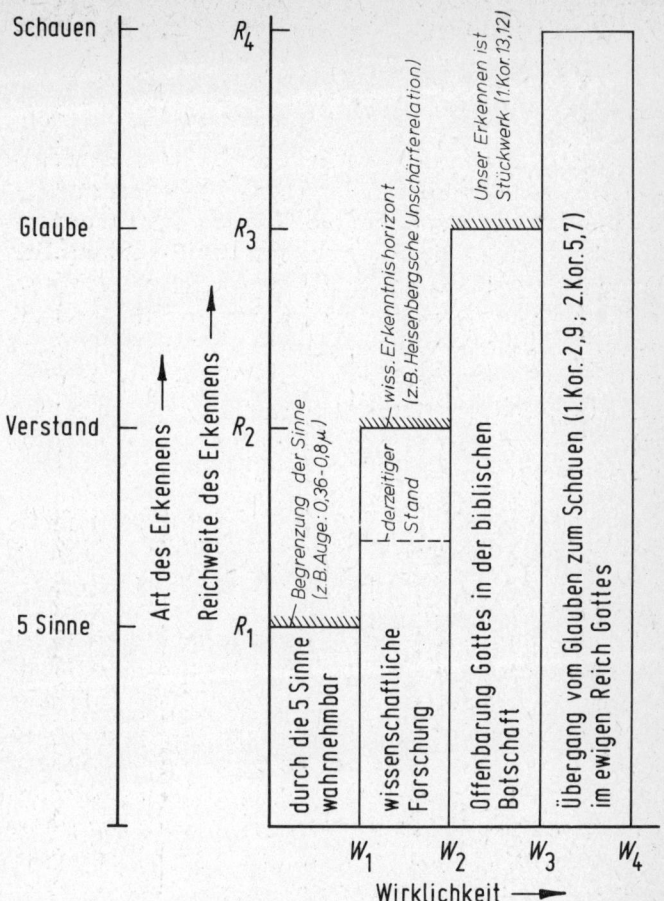

*Bild 1: Vereinfachte Darstellung der Zuordnung der Wirklichkeitsbereiche W zur Reichweite R und Art des Erkennens. Die stark progressive Abhängigkeit R = f(W) wurde zur Vereinfachung der Graphik nur als konstanter Erkenntniszuwachs gezeichnet.*

kenntnis liefert uns die Bibel durch die **Offenbarung Gottes.** Die Bibel lehrt, daß $R_3$ über $R_2$ noch einmal wesentlich hinausgeht (Jes. 55, 9: »... so sind auch meine Wege höher als eure Wege und meine Gedanken als eure Gedanken.«). Wer dem Worte Gottes vertraut, ist in vieler Hinsicht besser informiert als der ungläubige Zeitgenosse. Er ist sozusagen an eine höhere Informationsquelle angeschlossen. So sagt *H. Kemner* beispielsweise zur Erkenntnis Gottes [54]: »Wenn man ehrlich und echt zu Gott kommt unter dem Kreuz JESU CHRISTI, kann man in einer Minute mehr von Gott erfahren und wissen als alle Wissenschaft dieser Welt je meinem Verstand beweisbar machen kann.« Die Einstellung und der Denksinn zu dem Worte Gottes und zu JESUS CHRISTUS sind von entscheidender Bedeutung. Da CHRISTUS nach dem Zeugnis der Bibel die Wahrheit in Person ist, werden wir letztgültige Wahrheit auch nur von ihm beziehen können. Wer ihm vertraut, dem eröffnet sich der Wirklichkeitsbereich $W_3$. Da $R_3$ größer ist als $R_2$, sind Irrtümer oder falsche Schlüsse aus naturwissenschaftlichen Forschungen durch biblische Offenbarung korrigierbar, sofern zu dem betreffenden Bereich eine Aussage gemacht wird. So wird die altertümliche Auffassung, die Erde sei eine Scheibe, durch Luk. 17, 34–36 widerlegt, da die Gleichzeitigkeit von Tag und Nacht nur auf einer Kugel möglich ist. In den Naturwissenschaften gibt es eine ganze Fülle von Hypothesen, so daß in diesen Fällen nur von Modellvorstellungen, nicht aber von gesicherten Ergebnissen die Rede sein sollte. Wir stimmen *Martin Heidegger* zu, wenn er sagt: »Ist JESUS von Nazareth von den Toten auferstanden, dann ist jede naturwissenschaftliche Erkenntnis vorletztlich.« Die Auferstehung JESU gehört zum Bereich $W_3$ und steht damit erkenntnismäßig über $R_2$, d.h. oberhalb des Zugriffs des Verstandes. Nur durch den Glauben wird dieser Tatbestand erfaßt. *Faulhaber* wurde einmal von *Einstein* gefragt, was er tun würde, wenn die Mathematik bewiese,

22

daß sein Glaube falsch sei. Darauf gab der die prompte Antwort: »Ich würde geduldig warten, bis Sie Ihren Rechenfehler gefunden haben.« Dieser Ausspruch könnte als Überheblichkeit mißverstanden werden; er zeigt aber letztlich, welche Gewißheit Gott uns in seinem Wort bietet. Wer auf diesem Wort gegründet ist, hat nicht auf dem Fließsand der sich ständig wandelnden Meinungen gebaut. Die Tatsache, daß es schwerverständliche Stellen in der Bibel gibt, braucht uns nicht zu stören. Könnte jede schwierige Bibelstelle mit unserer menschlichen Vernunft gelöst werden, so würde dies gegen den göttlichen Ursprung der Bibel sprechen. Es würde anzeigen, daß der Geist des Urhebers dem des Menschen nicht überlegen wäre. So wollen wir in Demut bekennen, daß auch unsere biblische Erkenntnis einer Begrenzung unterliegt: »Jetzt ist mein Erkennen Stückwerk, dann aber werde ich völlig erkennen (1. Kor. 13, 12).«

Der Wirklichkeitsbereich $W_4$ endlich erschließt sich dem Glaubenden erst nach diesem Leben, von dem es heißt: »Was kein Auge gesehen und kein Ohr gehört und in keines Menschen Herz gedrungen ist, hat Gott bereitet denen, die ihn lieben (1. Kor. 2, 9).« Wenn der Glaube zum **Schauen** kommt, werden uns Dinge offenbart, die wir nicht einmal erahnen konnten.

# 3. Die Schöpfung

Betrachten wir einmal den gesamten Bereich der Schöpfung, der in *Bild 2* durch einen Kreis veranschaulicht ist, so sind drei große Bereiche zu unterscheiden:

**Bereich A:** Durch den Bereich A soll die uns sichtbare und die durch Forschung erkennbare Wirklichkeit dargestellt sein. Es handelt sich um das »Was?« der Schöpfung. Unabhängig, ob jemand an den Schöpfer glaubt oder nicht, ist ihm dieser Teil zugänglich. Die verschiedenen Disziplinen der Naturwissenschaften (z. B. Astronomie, Biologie, Chemie, Physik) bemühen sich, mit den von ihnen entwickelten Forschungsmethoden die beobachteten Fakten zusammenzutragen, Zusammenhänge zu erkennen und in Nutzanwendungen (z. B. Technik, Medizin) dem Menschen dienstbar zu machen. In dieser Weise betriebene Naturwissenschaft erfüllt den Auftrag Gottes nach 1. Mose 1, 28: »Machet euch die Erde untertan!« Darüber hinaus führt die demütige Betrachtung der Schöpfung zur Erkenntnis Gottes. Die Bibel bezeichnet solche Menschen als klug, die nach Gott fragen (Ps. 14, 2), denn bereits aus den Werken der Schöpfung können wir auf Gott schließen. Das lehrt uns Röm. 1, 20: »Denn Gottes unsichtbares Wesen, das ist seine ewige Kraft und Gottheit, wird ersehen seit der Schöpfung der Welt und wahrgenommen an seinen Werken.« Eine kleine Auswahl von Zitaten großer Naturforscher soll uns dies zeugnishaft belegen:

So schreibt der Astronom *Johannes Kepler* (1571–1630) am Ende seines Werkes über die Weltharmonie:
»Dir sage ich Dank, Herrgott, unser Schöpfer, daß du mich die Schönheit schauen läßt in deinem Schöpfungswerk.«

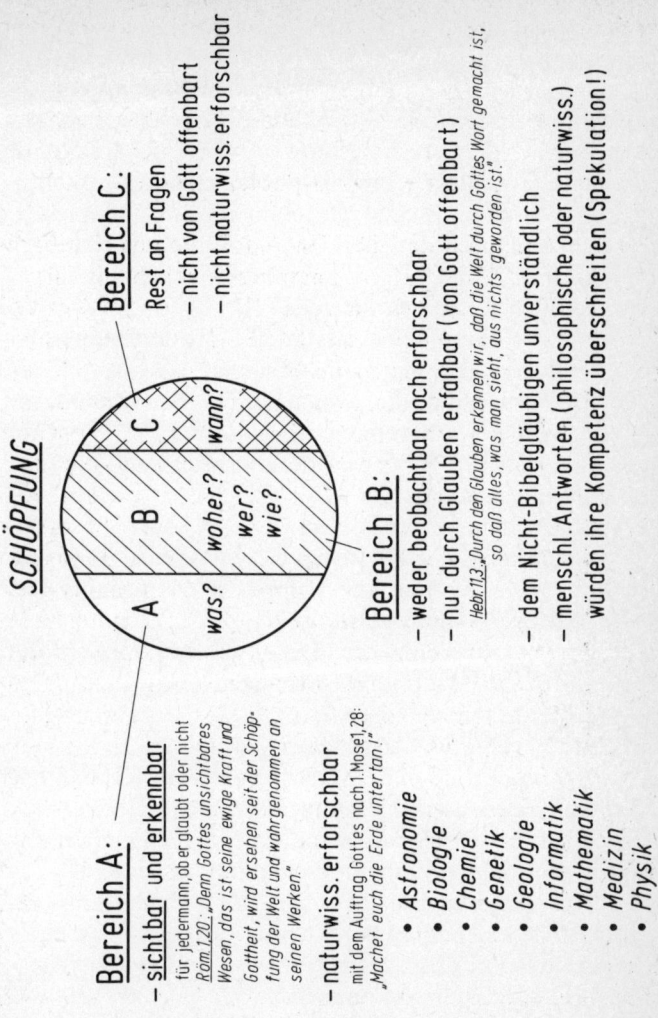

*Bild 2: Die drei Bereiche der Schöpfung*

*Justus v. Liebig* (1803–1873), einer der bedeutendsten Chemiker und Begründer der organischen Chemie [71]:
»Wahrlich, die Größe und unendliche Weisheit des Weltenschöpfers erkennt nur der, welcher in dem unendlichen Buche, welches die Natur ist, seine Gedanken zu verstehen sich bemüht, und alles, was sonst die Menschen von ihm wissen und sagen, erscheint wie ein leeres, eitles Gerede dagegen.«

Der Zoologe *R. Lowell Mixter* [71]:
»Wenn einer in der Bibel liest, daß Gott den Menschen erschaffen hat, die Tiere, die Pflanzen, so kann er bestimmt glauben, daß das, was er in der Natur sieht, im Einklang mit solch einem Glauben steht.« Die Bibel sei kein Textbuch der Wissenschaft, aber sie liefere die fundamentale Grundlage der Wissenschaft.

Der Staatsmann und Physiker *Benjamin Franklin* (1706–1790), der besonders durch die Erfindung des Blitzableiters bekannt wurde [82]:
»Ich bezweifelte niemals das Dasein Gottes, bezweifelte nie, daß er die Welt geschaffen habe und durch seine Vorsehung leite.«

*Isaak Newton* (1643–1727), wohl einer der größten Physiker aller Zeiten, der mehr über JESUS CHRISTUS und den Glauben schrieb als seine umfangreichen wissenschaftlichen Abhandlungen es erahnen lassen [71]:
»Die wunderbaren Einrichtungen der Sonne, der Wandelsterne, der Kometen können nur nach dem Plan eines allwissenden und allmächtigen Wesens und nur nach dessen Weisung zustande kommen.«
»Wer nur halb nachdenkt, der glaubt an keinen Gott; wer aber richtig nachdenkt, der muß an Gott glauben.«

**Bereich B:** Im Zusammenhang mit der Schöpfung gibt es eine Fülle von Fragen, z.B. diejenigen nach dem »Woher?« und dem »Wie?«, aber auch: »Wer ist der Schöpfer?« Diese Fragestellungen lassen sich mit naturwissenschaftlichen Mitteln nicht beantworten. Sie sind von völlig anderer Art und können nur durch die Offenbarung Gottes den Menschen mitgeteilt werden. Nur durch das persönliche Zutrauen zu dem Schöpfer wird uns diese Information zuteil; sie ist einzig und allein nur durch den Glauben erfaßbar: »Durch den Glauben erkennen wir, daß die Welt durch Gottes Wort gemacht ist, so daß alles, was man sieht, aus nichts geworden ist (Hebr. 11, 3).« Jede rein menschliche Antwort – ob naturwissenschaftlich oder philosophisch – ist prinzipiell unbrauchbar und würde ihre Kompetenz bei weitem überschreiten. Hierin liegt wohl die größte Gefahr der Naturwissenschaft, wenn sie ihren räumlich und zeitlich begrenzten Beobachtungsrahmen sprengt und so unvermeidlich in den Bereich der Spekulation tritt. Als der französische Astronom *Laplace* (1749–1827) *Napoleon* sein Weltsystem vortrug, fragte der Kaiser ihn: »Und wo hat Gott seinen Platz in Ihrem System?« Darauf *Laplace:* »Majestät, dieser Hypothese bedarf die Wissenschaft nicht mehr.« Mit lässiger Hand setzte er sich hier über die gesetzten Grenzen der Naturwissenschaft hinweg. *Nietzsche* gibt zu, daß der »Tod Gottes« für den Menschen so katastrophal sei wie das Erlöschen der Sonne. Einen Ersatz für die Sonne gibt es nicht. Auch keinen für Gott! Gott ist überräumlich und überzeitlich. »Der Himmel und aller Himmel Himmel können dich nicht fassen«, sagt die Bibel (1. Kön. 8, 27). Gott kann darum nicht zum Objekt wissenschaftlicher Forschung werden. Naturwissenschaft kann darum Gott nicht beweisen. Allerdings, daß man ihn nicht beweisen kann, ist andererseits auch kein Beweis gegen ihn.

Der Wiener Astrophysiker *J. Meurers* [71] stellt fest: »Die naturwissenschaftlichen Methoden bestehen im Messen und reichen nur so weit, wie gemessen werden kann; wir wissen aber heute, daß es in der Natur Zusammenhänge gibt, die nicht gemessen werden können, und sicher ist, daß Gott, der Unmeßbare und alles Maß übersteigende, nicht gemessen und infolgedessen von naturwissenschaftlichen Meßmethoden nicht erreicht werden kann.« Wenn sowjetischen Astronauten Gott im Dunstkreis dieser Erde nicht begegnet ist, so ist ihr Schluß, daß es keinen Gott geben könne, bereits einprogrammierter materialistischer Dogmatismus, nicht aber Ergebnis der Wissenschaft. Wir haben in unseren Tagen ein besonders kritisches Augenmerk darauf zu richten, wo atheistische Weltanschauung mit einem wissenschaftlichen Gewand versehen wird.

**Bereich C:** Wer in redlicher Weise naturwissenschaftliche Fakten, d. h. Daten ohne Deutung (»Tatsachengefüge« nach *Karl Heim*), und biblische Offenbarung miteinander verbindet, wird eine widerspruchsfreie Beschreibung dieser Welt finden. Das bedeutet nicht, daß damit alle Fragen ihre Antwort finden. Es bleibt gemäß *Bild 2* ein Rest C übrig, der weder naturwissenschaftlich erforschbar, noch biblisch offenbart ist. Hierzu gehören beispielsweise die Fragen: Welches ist der genaue historische Zeitpunkt der Schöpfung; welche Sprache hat Adam gesprochen?

# 4. Die Evolutionstheorie

Das aus dem Lateinischen kommende Wort »Evolutio«
bedeutet Entwicklung, Entfaltung. Man versteht hierunter eine fortschreitende Entwicklung aus kleinsten An-
fängen zu immer größeren Gebilden, wobei der Komple-
xitätsgrad laufend zugenommen haben soll. Mit Hilfe der
Evolutionstheorien – es gibt kein einheitliches Lehrge-
bäude, sondern ständig sich wandelnde Theorien und nebeneinander bestehende, sich widersprechende Theorien
– wird versucht, alles Sein dieser Welt vom sog. Urknall
bis hin zum Menschen zu erklären. Im wesentlichen gibt
es vier große Bereiche:

1. Evolution des Kosmos
2. Geologische Evolution der Erde
3. Chemische Evolution
4. Biologische Evolution

Nach einer anderen Aufteilung von *Carsten Bresch* werden drei Phasen unterschieden:

1. Evolution der Materie
2. Evolution des Lebendigen
3. Evolution des Geistigen

Im engeren Sinne der Biologie versteht man unter Evolution die stammesgeschichtliche Entwicklung der Lebewesen von niederen zu höheren Formen. In ihrer Ge-
samtheit wird die Evolution jedoch als ein komplexes
Erklärungsmodell verstanden, das nicht nur Vergangenheit und Gegenwart deuten möchte, sondern folgerichtig
auch eine biologisch-kosmische Eschatologie beinhaltet
[6]. Damit hat diese Lehre den naturwissenschaftlichen
Forschungsrahmen verlassen und ist zu einer philosophischen Doktrin geworden, die sich bewußt in Konkurrenz
zur biblischen Ur- und Endgeschichte stellt.

## 4.1. Atheistische Evolution

Die Evolutionshypothesen sind in ihrer fundamentalen Grundsubstanz atheistisch, da sie einen Schöpfer ebenso wie die biblische Botschaft völlig ablehnen. Wenn heute so viele Menschen diese Theorie akzeptieren, liegt es nicht an ihrer wissenschaftlichen Einsicht, sondern ungläubige, materialistische Menschen müssen ganz zwangsläufig eine materialistische, naturalistische Erklärung für die Herkunft des Lebens und der gesamten sichtbaren Welt suchen. Entweder entstanden die Lebewesen durch einen zufälligen naturalistischen Prozeß der Evolution oder sie wurden von einem persönlichen Gott erschaffen. Wenn jemand ablehnt, daß Gott existiert, ein Gott, der Himmel und Erde, Pflanzen und Tiere und den Menschen geschaffen hat, dann gewinnt bei diesen Menschen automatisch die Evolutionstheorie an Bedeutung. Wenn sie die Tatsache annehmen würden, daß Gott sie geschaffen hat, dann müßten sie diesen Gott als Herrn und Meister anerkennen und ihm die Ehre geben.

Der atheistische und antichristliche Charakter der Evolutionslehre soll durch mehrere Zitate ihrer Vertreter belegt werden:

*George Gaylord Simpson,* Professor für Paläontologie an der Harward-Universität, sagte, daß der christliche Glaube nicht akzeptabel sei. Er nannte ihn einen »höheren« Aberglauben im Gegensatz zu dem »niederen« Aberglauben der heidnischen Stämme. *Simpson* schreibt: »Der Mensch steht alleine im Universum und ist ein Produkt eines langen, unbewußten, nichtpersönlichen materiellen Prozesses mit einheitlichen verstehbaren Entwicklungsmöglichkeiten. Diese verdankt er niemandem als sich selbst und ist nur sich selbst verantwortlich. Er ist nicht die Schöpfung einer unkontrollierbaren oder unberechenbaren Kraft, sondern sein eigener Meister. Er kann und muß sein eigenes Schicksal entscheiden und leiten.«

Der Mikrobiologe *R. W. Kaplan* schreibt [51]:
»Übernatürliche Faktoren erscheinen überflüssig ... Die Sicht der Lebensentstehung als eines notwendigerweise in der Stoffevolution geschehenen Vorgangs paßt nicht zur verbreiteten Überheblichkeit, die dem Menschen eine übernatürliche Herkunft zuzumessen sucht.«

Hier müssen wir antworten, daß die Erkenntnis des Schöpfers nicht überheblich macht, sondern demütig und dankbar: »Herr, unser Gott, du bist würdig, zu nehmen Preis und Ehre und Kraft; denn du hast alle Dinge geschaffen (Off. 4, 11).«

Auch der Nobelpreisträger *Manfred Eigen* [24] schließt in seinem Artikel über die Selbstorganisation der Materie einen Schöpfer aus:
»Schließlich zeigt es sich, daß die Entstehung des Lebens an eine Reihe von Eigenschaften geknüpft ist, die sich sämtlich ... begründen lassen. Die Vorbedingungen zur Ausbildung dieser Eigenschaften sind vermutlich schrittweise erfüllt worden, so daß der ›Ursprung des Lebens‹ sich ebensowenig wie die Evolution der Arten als einmalig vollzogener Schöpfungsakt darstellen läßt.«

Den völlig atheistischen Charakter der Evolutionslehre brachte auch der Evolutionsbiologe Sir *Julian Huxley* 1960 während der Jahrhundertfeier des Darwinismus in Chikago zum Ausdruck [69]:
»Der Darwinismus verbannte die ganze Idee, daß Gott der Schöpfer der Organismen sei, aus dem Bereich der vernünftigen Diskussion. *Darwin* zeigte auf, daß kein übernatürlicher Planer nötig war. Da die natürliche Auslese jede bekannte Lebensform zu erklären versuchte,

gab es keinen Platz für eine übernatürliche Macht in deren Entwicklung.« Dann fährt er fort in der Art eines Glaubensbekenntnisses:»Ich glaube, wir können jeden Gedanken eines übernatürlichen kontrollierenden Verstandes, der für den Entwicklungsvorgang verantwortlich wäre, völlig fallenlassen.«

Kein im voraus planender intelligenter Schöpfer steht nach diesem Evolutionsglauben hinter dem Leben, das uns in so mannigfacher Fülle auf Schritt und Tritt begegnet. Man glaubt, die hochgradige Ordnung der biologischen Welt durch die beiden Grundphänomene Materie und Zufall erklären zu können. Die Notwendigkeit von Planung, Idee, das »Gewußt-wie« (Know-how) wird bewußt ignoriert, weil damit die Anerkennung eines Schöpfers einherginge.

So gibt der englische Darwinist Sir *Arthur Keith* (1866–1955) unverhohlen zu:»Die Evolution ist unbewiesen und unbeweisbar. Wir glauben aber daran, weil die einzige Alternative dazu der Schöpfungsakt eines Gottes ist, und das ist undenkbar.«

Für den Nobelpreisträger *Jaques Monod* (1910–1976) [68] ist das ganze Konzert der belebten Natur aus störenden Geräuschen hervorgegangen. Vom Menschen sagt er:»Der moderne Mensch ist das Produkt dieser Evolutionssymbiose. Unter jeder anderen Hypothese bliebe seine Entwicklung unverständlich.«

**Zufall statt Schöpfer:** Da man einen persönlichen Schöpfer ausschließt, wird der alles beherrschende Zufall an seine Stelle gesetzt. Am schärfsten hat sich wohl *Monod* zum Zufall bekannt [68]:»Der reine Zufall, nichts als der Zufall, die absolute, blinde Freiheit als Grundlage des wunderbaren Gebäudes der Evolution ...« Unter den Vertretern der Evolutionslehre gibt es da lediglich graduelle Abstufungen zum Zufallsbekenntnis. Während der Zoologe *H. W. Sauer* [81] schreibt: »Das Ergebnis der Evolution ist prinzipiell nicht vorhersagbar, und zwar wegen seiner Mutabilität des Erbgutes und wegen des variablen Selektionsdruckes durch die Umwelt. Evolution ist also ein Kind des Zufalls«, so lautet das Bekenntnis von *E. Mayr* [66]: »Es ist diese Mischung von Zufall und Nicht-Zufall, die der Evolution gleichzeitig eine große Biegsamkeit und scheinbar eine Zielstrebigkeit verleiht.« *M. Eigen* hat sich in der folgenden Weise ausgedrückt [25]: »Notwendigkeit, das ist das Evolutionsgesetz ... Zufall dagegen ist nur die Frage der Wahl der Kopie und damit der individuellen Evolutionsroute.« Bei *R. W. Kaplan* finden wir die folgenden Aussagen: »Die nicht von Eltern ererbten Informationsstrukturen erster Organismen können jedoch nur durch ›Zufall‹ entstanden sein. Bei der Kompliziertheit selbst der einfachsten Einzeller könnte die Chance dafür so klein sein, daß Leben nur ein einziges Mal im All entstand, nämlich auf der Erde [52].« Weiterhin schreibt er: »Durch die damit gegebene ›Zufälligkeit‹ und also Nichtvorherbestimmtheit ... ist die biotische Evolution als eine der wesentlichen Eigenarten des Lebens möglich und verursacht; durch sie wird Leben einmalig-individuell Geschichte [51].«

Die atheistische Evolution verbindet, wie auch in *Bild 3* skizziert, Naturbeobachtung und philosophische Ideen (*Monod:* »Ich trage natürlich die Verantwortung für die ideologischen Verallgemeinerungen, die ich daraus ableiten zu können glaubte«) zu einer – und das müssen wir deutlich herausstellen – antichristlichen Weltanschauung. Diese wissenschaftlich getarnte Ideologie müssen wir aus drei Gründen ablehnen:

#### 4.1.1. Die Evolutionslehre führt den Menschen in die Sinnlosigkeit

*Monod* hat die Sinnlosigkeit des Menschen als philosophische Schlußfolgerung des Zufallkonzepts der Evolution selbst gezogen [68]: ».. es gibt keinen Plan, keine natürliche Moral, keine natürliche Ethik, kein Gesetz der Natur, dem wir zu gehorchen hätten.« Als Zufallsprodukt muß der Mensch »seine totale Verlassenheit, seine radikale Fremdheit erkennen«, er wandelt wie »ein Zigeuner am Rande des Universums«, ohne Sinn und Ziel. Für ihn gibt es keine sinnhafte Mitte, keinen Gott und damit weder Himmel noch Hölle. Alle Wirklichkeit wird auf Zufall und Materie reduziert, er spricht von der »Ungeborgenheit« des Menschen.

Auch bei *H. J. Störig* finden wir als Folgerung der (kosmischen) Evolution nichts weiter als Sinnlosigkeit für den Menschen [91]:
»Der Mensch bedeutet gar nichts. Er ist kosmisch belanglos, ein Nichts, ein unbedeutender Zufall der Natur, eine Episode. In dem turbulenten kosmischen Geschehen kann es zufällig passieren, daß in irgendeinem kosmischen Winkel ein paar Jahrmillionen lang gleichbleibende Bedingungen zustande kommen, die das Entstehen relativ komplexer Kohlenstoffverbindungen begünstigen, aus denen sich Lebewesen aufbauen, Wesen mit einem relativ gut ausgebildeten Zentralnervensystem, und der Zufall will es vielleicht obendrein, daß sie irgendeinen Überschuß an Vitalität entwickeln und beginnen, sich über die bloße unmittelbare Existenzerhaltung hinaus mit Fragen an ihre nähere (irdische) und fernere (kosmische) Umwelt zu beschäftigen. Von irgendwelcher Bedeutung für den Weltlauf ist das nicht. Es wird spurlos vergehen, ohne Konsequenzen.«

Was sich hier auftut, ist für die Situation des Menschen

erschreckend; jede Geborgenheit wird ihm genommen. Selbst *Nietzsche,* der erklärte »Gott ist tot«, klagt: »Weh dem, der keine Heimat hat!« Sinn und Ziel unseres menschlichen Lebens und Heimat bei Gott sind aber das eigentliche Hauptthema der Bibel. Wir sind nicht zur Sinnlosigkeit geschaffen, sondern der Mensch wurde von Gott dadurch geadelt, daß er ihn zum Bilde Gottes schuf. Die Zukunft ohne Gott geht in die Hoffnungslosigkeit, wie *Hemingway* (1898–1961) vor seinem Freitod kommentiert: »Mein Leben ist ein dunkler Weg, der nach nirgends führt.« Dem an CHRISTUS Gläubigen ist eine gewisse Zukunft verheißen: »Unsere Heimat aber ist im Himmel, von dannen wir auch warten des Heilandes JESUS CHRISTUS, des Herrn« (Phil. 3, 20).

Welchen **Sinn** und welche **Zukunft** gibt es nach der Evolutionslehre? Dr. *F. M. Wuketits* [104] hat sich damit auseinandergesetzt. Er stellt sich die Frage »wie es auf der Erde weitergeht«, »was aus dem Menschen wird« und »ob es uns gelingen wird, die Zukunft zu bewältigen, oder ob wir jenem Schicksal entgegengehen, das für so viele Organismengruppen aus der Vergangenheit charakteristisch ist: das Aussterben.« Da sich der Mensch nach seiner Ansicht »zu einer Art Evolutionsfaktor entwickelt hat«, ist das Wesen des Menschen nur von daher zu sehen. So muß auch nur dort der Sinn des Lebens gesucht werden: »Wir sind der Evolution entsprungen und müssen vorerst auch dort nach einer Antwort auf die Frage . . . um unseren Sinn suchen. Aus einer Synthese von Zufall und Notwendigkeit ist abzuleiten, daß der Mensch weder ›durch die Freiheit der Evolution keinen Sinn gewonnen noch durch das Wachsen der Gesetze seine Freiheit verloren‹ hat. Dies mag eine Hoffnung sein.« Was hier als mögliche Hoffnung angeboten wird, ist nichts anderes als getarnte Sinnlosigkeit. Wem könnte es für sein Leben einen Hoffnungsschimmer bedeuten, daß seine Herkunft in »Zufall und Notwendigkeit« begründet liegen? Nach solcher Sicht liegt die Zukunft des Menschen nicht in der Heilszusage Gottes »Wer den Sohn (Gottes) hat, der hat das Leben (1. Joh. 5, 12)«, sondern in der Evolution, die der Mensch in der Hand hält: »Die Evolution als solche brauchen wir nicht als abgeschlossen zu betrachten. Es scheint legitim von der künftigen Evolution die Ausbildung neuer Arten und neuer Differenzierungsgrade zu erwarten ... Die Bedingungen für die künftige Evolution aber werden in zunehmender Weise vom Menschen abhängen.« Im Lichte Gottes entpuppen sich solche Gedanken als Irrlichter, die den Weg nicht zeigen können, so daß nur Sinnlosigkeit und Hoffnungslosigkeit bleiben: »Wer Gott nicht glaubt, der macht ihn zum Lügner; denn er glaubt nicht dem Zeugnis, das Gott gegeben hat von seinem Sohn (1. Joh. 5, 10).« Schon *Jean Paul* (1763–1825) erkannte: »Niemand im All ist so einsam wie ein Mensch ohne Gott.«

### 4.1.2. *Die Evolutionslehre entfernt den Menschen von Gott*

Die Evolutionshypothese hat insbesondere unter der Jugend verheerende Wirkungen gezeigt. Eine sehr zweifelhafte Theorie ist in schamloser Kompetenzüberschreitung als Waffe der Gottesleugnung benutzt oder in unbedachter Verbreitung als Werkzeug des Unglaubens eingesetzt worden. Bei einer Umfrage an Braunschweiger Gymnasien antworteten 55 Prozent der Primaner, sie glaubten nicht an Gott, weil die Evolutionslehre beweise, daß es keinen Schöpfer gäbe [49]. Die Schlußfolgerung der jungen Menschen: wenn die Evolution so »wissenschaftlich untermauert« ist, wie sie gelehrt wird, dann gibt es auch keinen Gott – muß als alarmierendes Zeichen gesehen werden.

Wie ist hier der **biblische Befund** zu einem solchen Ergebnis zu sehen? Im Neuen Testament spricht JESUS von der Verführung der Jugend, die ein schweres Gericht nach sich zieht: »Es ist unmöglich, daß nicht Ärgernisse kommen; weh aber dem, durch welchen sie kommen! Es wäre ihm besser, daß man einen Mühlstein an seinen Hals hängte und würfe ihn ins Meer, als daß er einem dieser Kleinen Ärgernis gibt (Luk. 17, 1–2).« Hier stehen Schulbuchautoren, Lehrer, Pfarrer und Eltern in einer großen Verantwortung vor Gott, wenn sie Lehren verbreiten, die in den Kindern den Unglauben begünstigen. Dieses Ärgernis an der Jugend ist darum so folgenschwer, da nach den zentralsten Aussagen der Bibel unser ewiges Heil an den Glauben gebunden ist. Wird diese verführte Jugend im Gericht nicht als Ankläger gegen die Lehrenden auftreten?

Beklagenswerterweise haben sich hier auch zahlreiche Theologen schuldig gemacht, die wenig Verständnis für die Schöpfung zeigen. Sie ziehen einen Trennungsstrich zwischen Glauben und Wissen und legen fest, daß die Bibel fortan nur noch in Glaubensaussagen zuständig sein solle, während man sich bei allen Aussagen über die Naturwirksamkeit allein an die Wissenschaft zu halten habe. So schreibt ein Theologe als Schriftleiter einer christlichen Zeitschrift [70]: ». . . während ich zugegebenermaßen der neuangefachten Diskussion über die Bedeutung bestimmter naturwissenschaftlicher Theorien, die angeblich dem Schöpfungsbericht entweder widersprechen oder ihn bestätigen sollen, wenig Bedeutung beimessen kann. Das mag daher rühren, daß ich kein Naturwissenschaftler bin. Aber die Bibel ist nun einmal in erster Linie ein ›theologisches Buch‹.« Eine solche Trennung zwischen Glauben und Wissen führt zwangsläufig zu einer Abwertung und Aushöhlung des biblischen Zeugnisses. Welche ausrichtende Kraft hat bei so einer Einstellung die fragende Jugend zu erwarten?

Die Bibel ist vom ersten bis zum letzten Kapitel reich gefüllt mit naturwissenschaftlichen Tatsachen, von der Schöpfung dieser Welt bis zum neuen Himmel und zur neuen Erde. JESUS CHRISTUS verwendet in seinen Gleichnissen und Reden häufig Naturbeispiele. Er spricht von den Lilien auf dem Felde, vom Säen und Ernten, vom Weinstock, von der Frucht, vom Wind und Wasser und von dem Lamm. Immer wieder gibt er den Hinweis: Sehet! Das heißt, wer die Botschaft JESU verstehen will, sollte mit ihm zusammen in die Schöpfung hineinschauen, um die Lehre aus der Natur zu sehen.

Wie dürftig und armselig erscheint die verkürzte Verkündigung derjenigen Theologen, die den Fragen des Naturwunders ausweichen und sich einem theologischen Liberalismus verschrieben haben. Erfreulicherweise gibt es aber auch zahlreiche Theologen mit einem klaren und frohmachenden Schriftzeugnis, das ausrichtende Wirkung hat. Bei ihnen ist auffälligerweise eine starke Korrelation (Wechselbeziehung) zwischen Schöpfungsbekenntnis und Naturverständnis einerseits und vollmächtigem Wirken andererseits zu beobachten. In diesem Zusammenhang sind z. B. *Martin Luther, Paul Gerhardt, Johann Christoph Blumhardt d.Ä., Karl Heim, Adolf Köberle* zu nennen, aber auch in der Kraft des Geistes wirkende Evangelisten unserer Tage verkündigen unerschrocken die volle biblische Botschaft ohne Kompromisse an den Zeitgeist. So stimmen wir *Heinrich Kemner* zu, wenn er sagt [53]: »JESU Stimme kann man nicht koppeln mit den Sirenen des Zeitgeistes.«

Die Evolutionslehre ist auf den Menschen nicht wirkungslos geblieben. Auch hier gilt das Wort: »An ihren Früchten sollt ihr sie erkennen (Matth. 7, 16).« So gestand der Evolutionist Sir *Arthur Keith:* »Als ich diese neue Lehre kennenlernte, wurde mein Kinderglaube in Atome aufgelöst. Der persönliche Gott, der Schöpfer

38

Himmels und der Erde, an den ich bisher geglaubt hatte, schwand dahin. Ich hatte nicht mehr den Wunsch – wohl aber noch das Bedürfnis – zu beten; denn man kann nicht etwas Abstraktes um Hilfe bitten.«

Die Philosophie *Nietzsches* (1844–1900) war stark durch den Darwinismus geprägt. Nicht umsonst hat er sich selbst als den furchtbaren Zermalmer aller bisher gültigen Werte bezeichnet. Von ihm stammt der Satz, dessen Ursprung aus dem Evolutionismus unverkennbar ist: »Die Schwachen und Mißratenen sollen zugrunde gehen – das ist der erste Satz unserer Menschenliebe.« Er proklamierte den höheren Menschen, der keiner gegebenen Maßstäbe bedarf, sondern in stolzer Freiheit mit souveränem Adel sein Dasein gestaltet. Diesen »Übermenschen« – wie *Nietzsche* ihn nannte – gilt es zu züchten: »Ihr sollt euch nicht fortpflanzen, sondern hinaufpflanzen.« Die Philosophie Nietzsches ist ein Meer von Haß gegen das Christentum [60].

Die Diktatoren *Hitler* und *Mussolini* waren von den Ideen *Nietzsches* und des Darwinismus begeistert. Diese Prägung und die daraus zu ziehende Folgerung brachte *Hitler* z.B. in einer Rede vom 22.6.1944 vor Offiziersanwärtern unverhohlen zum Ausdruck [56]:

»Die Natur lehrt uns ... daß das Prinzip der Auslese sie beherrscht, daß der Stärkere Sieger bleibt und der Schwächere unterliegt. Sie lehrt uns, daß das, was den Menschen dabei oft als Grausamkeit erscheint, weil er selbst betroffen ist oder weil er durch seine Erziehung sich von den Gesetzen der Natur abgewandt hat, im Grunde doch notwendig ist, um eine Höherentwicklung der Lebewesen herbeizuführen. Die Natur kennt vor allem nicht den Begriff der Humanität, der besagt, daß der Schwächere unter allen Umständen zu fördern und zu erhalten sei, selbst auf Kosten der Existenz des Stärkeren ... Der Krieg ist also das unabänderliche Gesetz des ganzen Lebens ... Ein Volk, das sich nicht zu behaupten vermag, muß gehen und ein anderes an seine Stelle treten.«

Der schreckliche Gang der Geschichte hat uns deutlich vor Augen geführt wie man sich an dieser Philosophie nicht nur die Finger, sondern auch die Herzen verbrannt hat. *Karl Marx* erkannte mit Dankbarkeit an, daß er die Grundlage für seine kommunistischen Ideen in der Lehre *Darwins* gefunden habe. Nachdem *Stalin* die Ideen *Darwins* gelesen hatte, wurde er Atheist. Die Wurzeln der Psychologie *Sigmund Freuds* entstammen ebenfalls dem Darwinismus. Auch der moderne Existentialismus von *Camus, Heidegger* und *Sartre* hat dieselben geistigen Wurzeln und hat seinerseits zu der »modernistischen Theologie« von *R. Bultmann, E. Käsemann* u. a. geführt. Dieser Modernismus hat das Fundament der Schriftwahrheit verlassen und die sog. »Gott-ist-tot-Theologie« hervorgebracht.

Der Evolutionismus ist vielen »Ismen« wie Kommunismus, Anarchismus, Faschismus, Nationalsozialismus und dem theologischen Modernismus zum Wegbereiter geworden. Obwohl die Früchte dieses Denkens selbst sehr unterschiedlich und untereinander sogar extrem gegensätzlich sind, so sind sie doch in einem alle gleich: in der Ablehnung der Autorität Gottes, seines Sohnes JESUS CHRISTUS und seines ewig gültigen Wortes.

### 4.1.3. Die Evolutionslehre ist nicht naturwissenschaftlich

Die Evolutionstheorie ist heute weithin zu einer selbstverständlichen Weltanschauung geworden, aus deren Sicht man beobachtete Fakten zu deuten versucht. Insbesondere im Schulbereich wird sie weitgehend als unverbrüchliche naturwissenschaftliche Wahrheit dargeboten. Dabei bleibt unbeachtet, daß die Evolution keine zwingende Folgerung aus der Naturwissenschaft ist. Die Zahl der Wissenschaftler, die der Evolutionslehre aus wissenschaftlichen Gründen kritisch gegenüberstehen oder entschieden ablehnen, wächst zunehmend. Selbst bei ihren eifrigsten Vertretern stellt sich häufig Skepsis ein. So gibt sogar *Monod* zu [68]:

»Bei dem Gedanken an den gewaltigen Weg, den die Evolution . . . zurückgelegt hat, an die ungeheure Vielfalt der Strukturen, die durch sie geschaffen wurden und an die wunderbare Leistungsfähigkeit von Lebewesen – angefangen vom Bakterium bis zum Menschen – können einem leicht Zweifel kommen, ob das alles Ergebnis einer riesigen Lotterie sein kann, bei der eine blinde Selektion nur wenige Gewinner ausersehen hat.«

Die biologische Zelle mit ihren codierten Programmen ist ein Mechanismus von äußerster Komplexität und Leistungsfähigkeit, dessen Entstehung durch Zufall aus heutiger Sicht der Informationstheorie kategorisch abzulehnen ist. Wer hier noch am Evolutionskonzept festhält, dem bleibt nur das ehrliche Eingeständnis wie wir es bei *Monod* finden [68]: »Da muß dann die Spekulation aushelfen, wobei es an ausgeklügelten Ideen nicht fehlt: das Feld ist frei, zu frei.«

Dr. *Thompson,* ein weltbekannter Entomologe (Insektenforscher), hat das Vorwort zu der neuen Ausgabe von *Darwins* »Origin of Species« (Die Entstehung der Arten) geschrieben (1960 Jahrhundertfeier *Darwins*), das eine verheerende Anklage der Evolutionstheorie darstellt [69]:

»Wie wir wissen, gibt es unter den Biologen eine große Vielfalt der Meinungen, nicht nur über die Ursachen der

Evolution, sondern sogar über deren eigentlichen Verlauf. Es ist in der Wissenschaft nicht nur höchst ungewöhnlich, sondern auch ebenso unerwünscht, daß man zur Verteidigung einer Lehre bereit ist, die man nicht wissenschaftlich definieren, geschweige denn mit wissenschaftlicher Exaktheit beweisen kann, deren Glaubwürdigkeit man aber in der Öffentlichkeit durch die Unterdrückung von Kritik und Leugnen der vielen Schwierigkeiten zu erhalten sucht.«

Zu den Aussagen des Neusystematikers *George Gaylord Simpson* stellt Dr. *Thompson* fest [69]: »Wenn Professor *Simpson* bemerkt, daß Ähnlichkeiten durch die Vorfahren bestimmt werden, und wenn er daraus schließt, daß Ähnlichkeiten einen Beweis für die Abstammung darstellen, so benutzt er das Argument des Zirkelschlusses, das so charakteristisch für das evolutionistische Denken ist.«

In der Besprechung des Buches »Implications of Evolution« von *G. A. Kerkut* führt *J. T. Bonner* aus [13]: »Es ist ein Buch mit einer beunruhigenden Botschaft, es weist auf einige unschöne Risse in den Fundamenten hin. Man fühlt sich beunruhigt, weil das Gesagte uns das eigentümliche Gefühl nicht loswerden läßt, daß wir alles schon lange zutiefst in unserem Innersten wußten, doch niemals dazu bereit waren, es uns selbst einzugestehen. Wir wissen nicht, welche Gruppe aus welcher anderen Gruppe hervorging oder ob z. B. der Übergang von den Protozoen einmal oder zweimal oder vielmals geschah. Wir alle haben jahrelang unseren Studenten eingeimpft, keine Behauptung als bewiesen anzusehen, bevor nicht der Beweis erbracht ist. Daher ist es ein echter Schock, wenn wir erkennen müssen, daß wir keineswegs unserem eigenen, wohlfundierten Rat gefolgt sind.« *Kerkut* (Professor für Physiologie und Biochemie an der Universität Southhampton) bekennt, daß ihn der Dogmatismus der

Evolutionslehre in vielen wissenschaftlichen Kreisen deprimiere.

Der Evolutionist *E. Mayr* (Cambridge, USA) beginnt seinen Aufsatz [66] »Grundgedanken der Evolutionsbiologie« zwar mit der Behauptung »Die Tatsache, daß eine Evolution stattgefunden hat ...«, er muß jedoch im nächsten Satz einräumen »wie die Evolution vor sich gegangen ist, vor allem was ihre treibende Kraft war, darüber hat man sich von Anfang an gestritten und dieser Streit ist auch heute noch nicht völlig beigelegt.« Er beklagt die kritische Auseinandersetzung der exakten Naturwissenschaften mit der Evolutionstheorie: »Es mutet wie ein Teppichwitz der Weltgeschichte an, daß zur Zeit die exakten Wissenschaftler, nämlich Physiker und Mathematiker, die Unzulänglichkeit der Evolution nachzuweisen versuchen.« Er gibt andererseits zu, daß »die Evolutionsforschung noch ganz am Anfang« steht. »Auch das Problem der Evolutionsgeschwindigkeit ist eigentlich immer noch ein Buch mit sieben Siegeln ... Ungelöste Rätsel der Evolution existieren auf jeder biologischen Stufe.« Angesichts solcher Aussagen kann man nur staunen, wie mit einer ungeheuren Leichtfertigkeit in den Schulbüchern Entwicklungsstammbäume mit zugehörigen Altersangaben dargestellt werden.

Einen kritischen Aufsatz zur Evolution mit normativem Anspruch haben die Wissenschaftler *D. S. Peters, J. L. Franzen, W. F. Gutmann* und *D. Mollenhauer* veröffentlicht [75]. Sie bilden eine Arbeitsgruppe am Forschungsinstitut Senckenberg, Frankfurt/M., die sich mit Theorie und Methoden von Morphologie (Formenlehre) und Phylogenetik (Stammesentwicklung der Lebewesen) befaßt, und zeigen, auf welch wackeliger wissenschaftlicher Basis die Evolution steht, obwohl sie selbst die Evolution akzeptieren. Sie schreiben:

»Wie alle anderen erklärenden Wissenschaften vermag die Biologie selbstverständlich nie, letztgültige Wahrheiten anzubieten, denn eine wissenschaftliche Erklärung ist stets eine Theorie, das heißt, sie besteht auf Widerruf. Jeder Theorie nämlich droht die Ablösung durch andere Theorien, die sie tatsächlich oder vermeintlich durch größeren Erklärungsgehalt übertreffen. Wenn also heute die Evolutionstheorie darwinistischer Prägung als zentraler Bezugspunkt der gesamten Biologie angesehen wird, dann muß dies nicht für immer so bleiben.«

Bemerkenswert sind die Aussagen zu den Rekonstruktionen, mit denen der Versuch gemacht wird, den Evolutionsablauf darzustellen:

»Ein Biologe, der Lebewesen miteinander vergleicht, tut zunächst nicht viel anderes als eine Hausfrau, die ihr Geschirr sortiert. Nun kann die Hausfrau ihre Ordnung unter verschiedenen Gesichtspunkten treffen: etwa Porzellan zu Porzellan, Metall zu Metall. Sie kann aber auch nach Töpfen, Tellern und Trinkgefäßen ohne Rücksicht auf die Materialbeschaffenheit einteilen. Sie zieht jeweils andere ›Ähnlichkeiten‹ als Kriterien heran, wobei die Kriterienauswahl von einer vorgeordneten Ordnungsvorstellung, wir könnten auch sagen, von einer Theorie abhängt. Entsprechendes trifft nun auch für den Biologen zu. Auch er wählt seine Ordnungskriterien nach einer vorgeordneten Theorie. Ist er Phylogenetiker, so wird er versuchen, die Organismen nach phylogenetischen Gesichtspunkten zu ordnen, das heißt, er wird für seine Auffassung eine den Implikationen der Evolutionstheorie entsprechende Erklärung liefern müssen ... Phylogenetische Rekonstruktionen sind also Erklärungsversuche, d.h. Theorien, die, wie alle Theorien, nicht strikt bewiesen werden können. Der Evolutionsforscher befindet sich in einer ähnlichen Situation wie ein Detektiv, der den mutmaßlichen Ablauf eines Mordes rekonstruieren soll,

wobei es für das Verbrechen keine Augenzeugen gibt ...
Man kann keine Rekonstruktionen erstellen, die ›an sich‹
plausibel wären. Es muß ein Maßstab vorhanden sein, an
dem ihre Plausibilität gemessen werden kann. Das aber
ist in jedem Fall eine vorgeordnete Theorie, in unserem
Fall eben die Evolutionstheorie. Bei dem Detektiv dagegen wäre der Maßstab die Annahme, daß ein Mord geschehen ist.«

Hier wird deutlich, wie sehr die Evolution lediglich eine
Annahme ist und wie sehr versucht wird, eine Theorie
damit zu imprägnieren:

»Sollte in Wirklichkeit, wovon niemand etwas wissen
kann, ein raffiniert kaschierter Selbstmord vorliegen, so
könnte die Rekonstruktion des Detektivs zwar im Hin-
blick auf seine vorgeordnete (falsche) Theorie ›richtig‹,
d.h. plausibel sein, in Wirklichkeit wäre sie jedoch
falsch ... Wenn also die Evolutionstheorie sich als un-
haltbar erwiese, wären alle phylogenetischen Rekonstruktionen wertlos.«

In der Paläontologie ist die methodisch-theoretische Situation ebenso fatal. Es wird der Eindruck erweckt, der
Ablauf der Stammesgeschichte sei an den Fossilfunden
abzulesen: »Daß aber die fast immer durch große Lücken
getrennten Funde nur durch großen hypothetischen
Aufwand auf dem Wege über eine Modelltheorie verbunden werden können, und daß man nach neuen Gliedern in der Ablaufreihe nur aufgrund einer vorgeordneten Theorie suchen kann, ist fast immer unterschlagen.«

Die vorgenannten Verfasser weisen auf ein weiteres Problem der Evolution hin, das sich aus dem Bereich der Sy-
stematik (Lehre von der Verschiedenartigkeit der Organismen) ergibt. Der Systematiker versucht, die Verschiedenartigkeit der Lebewesen unter dem Blickwinkel der

Evolutionstheorie zu ordnen. Das geschieht entweder im **Stammbaum,** der die Abstammungsverhältnisse, die Genealogie, der Lebewesen nachzuzeichnen versucht oder aber in der Darstellung der **Anagenese,** also der Umgestaltung der biologischen Apparate (Organismen). Im letzteren Fall werden eine Reihe mehr oder minder voneinander unterscheidbarer Konstruktionspläne aufgestellt, also etwa »Fische, Amphibien, Reptilien, Vögel und Säuger«. Das Problem besteht nun darin, daß ein solches anagenetisches System mit dem genealogischen schwierig oder gar nicht zur Deckung zu bringen ist, denn nach der Genealogie gibt es die ersten drei Einheiten des Beispiels nicht als geschlossene Gruppe. So sind z. B. unter den »Fischen« einige mit den Tetrapoden (Vierfüßer) genealogisch näher verwandt als mit den übrigen Fischen; ebenso sind auch die Dinosaurier und Krokodile genealogisch den Vögeln näherstehend als etwa den Schlangen oder Schildkröten.

Hinter allen mit viel Aufwand und Geschick gezeichneten Stammbäumen, die so häufig zur Stützung der Evolutionstheorie genannt werden, ist also ein großes Fragezeichen zu setzen. Der bekannte Atomphysiker und Nobelpreisträger *Niels Bohr* (1885–1962) wandte ein [66]: »Fünf Milliarden Jahre sind viel zu kurz, um die Mannigfaltigkeit der so wunderbar angepaßten Tier- und Pflanzenwelt zu erklären.«

Obwohl Dr. *W. F. Gutmann* selbst Evolutionist ist, weist er sehr eindrücklich auf die divergierenden Evolutionsansichten hin [35]: »Die Tatsache, daß sich dabei das Evolutionsverständnis recht uneinheitlich darstellt und ganz anders denn als einigendes Prinzip und oft mehr als Zankapfel wirkt, wirft die Frage auf, wieweit die Evolutionstheorie ... heute noch verbindlich ist.« Er führt weiterhin aus, daß beim Studium der Schriften *Darwins* und seiner Nachfolger etwas Erstaunliches auffällt: »Die

46

theoretische Diskussion verharrte auf dem Stadium der Analogie. *Darwin* erklärte eigentlich nie, wie und in welcher Weise Auslese geschehen müsse. Die Analogie-Argumentation als ein teilweise irreführendes Konzept blieb bis heute erhalten. Die alte Darwinsche Theorie ist ... letztlich ein intuitives Konzept, eine vordergründige und teilweise unzulängliche Vorstellung. Nachträglich verstehen wir, warum viele Physiker und Physiologen (Physiologie = Lehre von den Vorgängen im gesunden Lebewesen) die Darwinsche Idee nicht akzeptieren.«

Mit einem Zitat von *J. Kälin* [50] wollen wir die kritischen Stimmen aus dem »eigenen Lager« der Evolution abschließen: »Der Glaube, durch die Vorstellung einer Summation zahlloser mikroevolutiver Einzelschritte die raumzeitliche Gestalt der Makroevolution kausal erschöpfend erfaßt zu haben, ist eine theoretische Euphorie.« Es dürfte deutlich geworden sein, daß die Sicherheit, mit der Evolutionskonzepte in populärwissenschaftlichen Büchern dargestellt werden, kein naturwissenschaftlich gegründetes Fundament haben. So bleibt es unverständlich, daß in unseren Massenmedien Fernsehen, Rundfunk sowie Wochenzeitungen so viel wissenschaftlich unbegründetes und weltanschaulich verderbliches Gedankengut einseitig und unreflektiert verbreitet werden kann.

## 4.2. Theistische Evolution

Nun gibt es Menschen, denen die alleinige Zufallsautomatik hinter der Wirklichkeit zu schwindelerregend erscheint, und so greifen sie zu dem Gott der Bibel, den sie zum Verursacher der Evolution postulieren. So kommt es zu einer Lehre, die **scheinbar** in den Konsensus christ-

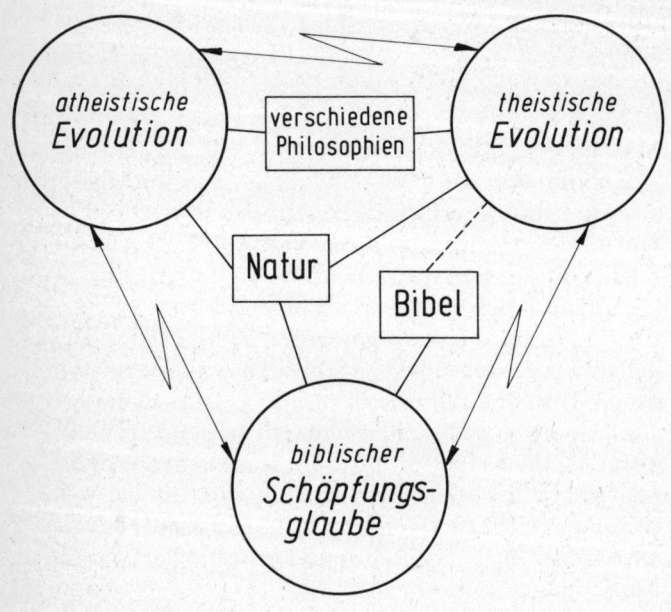

Bild 3: Die drei generellen Grundhaltungen zur Herkunft des Lebens und dieser Welt mit ihren zugehörigen Informationsquellen.

licher Vorstellungen paßt: Man hält an den Prinzipien der Abstammungslehre fest und erklärt sie zur Arbeitsmethode Gottes. Die Quellen einer solchen Vorstellung sind gemäß *Bild 3* die Deutung naturwissenschaftlicher Tatbestände nach divergierenden eigenen philosophischen Ideen (evolutionistisch) mit sehr schwacher Anlehnung (darum nur gestrichelt in *Bild 3)* an die biblische Offenbarung. Ein solches Gedankengebäude wurde z.B. von *Teilhard de Chardin* (1881–1955) entworfen. Wenn sich auch viele Christen zu so einer Art gottgläubiger Evolution verführen ließen, so ist damit nicht ein Graben zwischen atheistischer Evolution und biblischem Schöpfungsglauben zugeschüttet worden. Vielmehr ist es so, daß – wenn auch aus unterschiedlichen Gründen – die reinen Evolutionisten ebenso wie die bibelgläubigen Christen dieses philosophisch-spekulative Ideenkonglomerat völlig ablehnen. Mit der Bibel treffen die theistischen Evolutionisten auf eine breite Front widersprüchlicher Gedanken. Diese Diskrepanzen sollen durch die »Spannungspfeile« in der Darstellung von *Bild 3* angezeigt sein.

Die evolutionistische Theorie von *Teilhard de Chardin* unterscheidet drei Sphären als deutlich erkennbare Entwicklungsstufen, die er mit Geosphäre, Biosphäre und Noosphäre bezeichnet. Er weitet die atheistische Evolutionslehre so weit aus, daß nach seiner Ansicht die Materie schließlich im Dienst göttlicher Entwicklung gar nicht anders konnte als sich stetig aufwärtszuentwickeln; die Zunahme der Komplexität führt dann zum Endpunkt allen Seins, dem Punkt Omega. Dieser breitangelegte Versuch einer Weltdeutung klammert aber fundamentale biblische Wahrheiten ebenso aus wie neuere naturwissenschaftliche Erkenntnisse.

*Monod* hat sich zu dessen Gedankengebäude wie folgt geäußert [68]: »Obwohl die Logik von *Teilhard* zweifelhaft und sein Stil schwerfällig ist, wollen manche, die seine Ideologie nicht völlig akzeptieren, eine gewisse poetische Größe darin sehen. Mich stößt bei dieser Philosophie der Mangel an intellektueller Schärfe und Nüchternheit ab. Ich sehe darin vor allem eine systematische Bereitschaft, um jeden Preis alles miteinander versöhnen, allem stattgeben zu wollen.« Nachdem der Informatiker *Karl Steinbuch* [90] die eigene Position als nicht vom Standpunkt eines gläubigen Christen argumentierend darstellt, erfahren wir seine Haltung zur theistischen Evolution:

»Einen großangelegten Versuch, die Konsequenzen der *Darwinschen* Lehre zu überspielen, unternahm *Teilhard de Chardin* ... wo es aber um die philosophischen Konsequenzen geht, verirrt er sich rasch in eine recht mystische Denkwelt, in der so undefinierte Begriffe wie ›empfundene Vereinigung der Seelen‹, ›Noosphäre‹ usw. mehr Verwirrung als Einsicht erzeugen. *Chardin* hat zwar in der Öffentlichkeit eine große Wirkung erzielt, seine Bücher erschienen in zahlreichen Auflagen und Übersetzungen, aber weder seine Kirche noch seine Fachkollegen sind damit recht einverstanden. Besonders kritisch äußerte sich der Medizin-Nobelpreisträger von 1960, *P. B. Medawar*. Er wirft *Chardin* vor, er verharre in der Tradition der Naturphilosophie, ›eine philosophische Bastelei deutschen Ursprungs, die nicht einmal durch Zufall etwas zum Bestand menschlicher Gedankenarbeit beigetragen zu haben scheint‹, und zieht aus dem großen Erfolg seiner Bücher den Schluß, daß die Menschen betrogen werden wollen.«

Als ein sehr gelehriger Schüler *Teilhard de Chardins* hat sich der Biologe *J. Illies* in seinen Publikationen ausgewiesen. So bekennt er [45]: »Die Evolution fand – und findet – statt, sie widerspricht aber gar nicht der Existenz eines Schöpfergottes, sondern könnte gerade dessen Wille sein: *Teilhard de Chardin* hat es so gelehrt.«

Die Evolution widerspricht sehr wohl dem biblischen Bericht von der **vollendeten** Schöpfung. Nach evolutionistischen Prinzipien wird eine fortwährende Entwicklung von Urzeiten an bis in unsere Gegenwart hinein und darüber hinaus in die Zukunft postuliert. Die Bibel hingegen bezeugt die Vollendung der kreativen Prozesse: »Und also **vollendete** Gott am siebenten Tage seine Werke, die er machte, und ruhte am siebenten Tage **von allen** seinen **Werken,** die er machte (1. Mose 2, 2).« Dies bekundet auch das Neue Testament: »Nun waren ja die Werke **von Anbeginn** der Welt **fertig** (Hebr. 4, 3).« Dieses Wort entlarvt auch die folgende Lehre von *Illies* [47] als Fallgrube: »›Es werde – und es ward‹ – diesen Evolutionsbefehl gab der Schöpfer der Welt.«

*Illies* erkennt die Unmöglichkeit, Evolution durch Naturgesetze zu begründen [46]: »Im Bereich der belebten Materie vollzog sich das gleiche Schauspiel auf einer höheren Ebene. Wieder greift die aufwärtsgerichtete Bewegung einer Entwicklung vom Wahrscheinlicheren zum Unwahrscheinlicheren in das Ausgangsmaterial . . . Wiederum müssen wir feststellen: es gibt kein Naturgesetz, das die Amöbe zwingt, nacheinander Wurm und Fisch, Reptil und Säuger zu werden: der ungeminderte Fortbestand von Algen und Amöben, Würmern und Fischen, in unserer Zeit beweist, daß es ein solches zwingendes Gesetz der Evolution gar nicht geben kann. Und doch fand sie statt!«

Alle diese naturwissenschaftlich nicht begründbaren Aussagen erhalten das pragmatische Dennoch-Siegel »Und doch fand sie statt!« Möchte *Illies* sich mit diesem Analogiewort zu »Und sie dreht sich doch!« in die Reihe der demütigen und gottesfürchtigen Astronomen *Kepler* und *Galilei* einordnen? Diese Leute hatten seinerzeit naturwissenschaftliche Gesetze durch Beobachtung und

Experiment erkannt – es ging um klare Fakten – und standen im Widerspruch zur damaligen offiziellen Kirchenlehre, die in dieser Hinsicht mehr von der griechischen Philosophie geprägt war als von biblischer Aussage. *Illies* redet von einem Gesetz, obwohl naturwissenschaftliche Fakten dies nicht stützen. »Mit dem Wort ›Evolution‹ beschreiben wir diese Erscheinung des Hinaufdrängens, dieses neue Gesetz, das in die Materie fährt wie ein erster Geistesblitz.« Hier wird uns philosophisches Wunschdenken präsentiert, das physikalische Gesetze einfach ignoriert. In die Materie fahrende Geistesblitze muten eher als Fortsetzung von *Münchhausens* Erzählungen an denn als nüchternes naturwissenschaftliches Denken. Die angenommene Aufwärtsentwicklung vom Wahrscheinlichen zum Unwahrscheinlichen ist die genau entgegengesetzte Aussage des für jedes geschlossene System gültigen physikalischen Naturgesetzes, nämlich des **zweiten Hauptsatzes der Thermodynamik,** der besagt:

»Die Natur strebt aus einem unwahrscheinlichen in einen wahrscheinlichen Zustand (Fassung nach *Boltzmann*).«

Die Unordnung ist wahrscheinlicher als die Ordnung. So schreibt der bekannte Physiker und Nobelpreisträger *Max Planck* (1858–1947) [77]:

»Der zweite Hauptsatz der Thermodynamik, das Prinzip der Vermehrung der Entropie*, hat mehrfach Deutungen außerhalb der Physik gefunden. So hat man den Satz, daß der Verlauf aller physikalischen Vorgänge eindeutig gerichtet ist, für den Entwicklungsgedanken in der Biologie verwerten wollen. Das ist nun ein ganz besonders unglücklicher Versuch, wenigstens dann, wenn man mit dem Worte Entwicklung den Begriff des Fortschritts in aufsteigender Richtung, also der Vervollkommnung,

---

* Die Entropie ist eine thermodynamische Rechengröße, die ein Maß für die »Unordnung« eines Systems darstellt.

Veredelung, verbindet. Denn das Entropieprinzip ist nach seinem Inhalt ein Wahrscheinlichkeitssatz, es besagt im Grunde nur, daß auf einen von vornherein unwahrscheinlichen Zustand im Mittel stets ein wahrscheinlicherer folgt. Will man dies Gesetz biologisch deuten, so liegt es jedenfalls näher, an eine Degeneration zu denken als an eine Veredelung. Denn das Ungeordnete, Gewöhnliche, Gemeine ist immer von vornherein wahrscheinlicher als das Geordnete, Vorzügliche, Hervorragende.«

Diesen Sachverhalt bringt auch das »Lexikon der Physik« [62] klar zum Ausdruck: »Es wird immer klarer, daß der durch die Entropie quantitativ definierte Gegensatz zwischen Ordnung und Unordnung eine wesentliche Grundlage des gesamten Weltgeschehens bildet.« Der Evolutionsgedanke steht im Gegensatz zu diesem Naturgesetz, das als grundlegend für das Verständnis der Abläufe im Naturgeschehen gilt. Von Evolutionisten wird gelegentlich der Einwand erhoben, daß Lebewesen offene Systeme sind, die mit der Umgebung in Materie- und Energieaustausch stehen. Für eine ausführliche Behandlung dieses Problems ist hier nicht der Platz, aber soviel sei hier zur Entkräftigung des Einwands gesagt: Das schwierigste Problem der Evolution hinsichtlich des zweiten Hauptsatzes liegt bereits **vor** der Entstehung des Lebens. Der zu verlangende Organisationsgrad vieler organischer Moleküle müßte bereits so immens groß sein, daß dies nach dem zweiten Hauptsatz völlig auszuschließen ist. Unvereinbar ist auch das Konzept eines allgemeinen Prozesses zunehmender Ordnung vom Molekül bis hin zum Menschen mit der biblischen Beschreibung dieser Welt, die sich im Vergehen befindet. Die folgenden Bibelzitate verdeutlichen dies sehr eindrucksvoll:

Ps. 102, 26–27: »Du hast vormals die Erde gegründet, und die Himmel sind deiner Hände Werk. Sie werden vergehen, aber du bleibst. Sie werden alle veralten wie ein Gewand.«

Matth. 24, 35: »Himmel und Erde werden vergehen.«

Jes. 40, 6–7: »Alles Fleisch ist Gras... das Gras verwelkt, die Blume verwelkt.«

Röm. 8, 20: »Es ist ja die Kreatur unterworfen der Vergänglichkeit.«

1. Kor. 7, 31: »Das Wesen dieser Welt vergeht.«

Diese Aussagen bringen das Vergehen der physikalischen Schöpfung wie auch der lebenden Welt zum Ausdruck. Dieser Fluch über das ganze Herrschaftsgebiet des Menschen war die Folge des Sündenfalles. In wissenschaftlicher Formulierung beschreibt auch der zweite Hauptsatz diesen Tatbestand.

Ein weiteres Zitat von *J. Illies* [46] soll uns die Unvereinbarkeit theistischer Evolution mit der biblischen Botschaft anzeigen: »Auf dem Höhepunkt dieser Evolution der belebten Materie entsteht schließlich ein Lebewesen, in dem eine neue, dritte Etappe des Weltprozesses der Höherentwicklung ihren Ausgang nimmt: es entsteht der Mensch, genauer der noch tierische Vormensch, oder wie immer wir dieses Lebewesen nennen wollen, das in einem einige Millionen Jahre dauernden ›Tier-Mensch-Übergangsfeld‹ zu der unwahrscheinlichsten, unvorhersehbarsten aller Entwicklungsschritte ansetzt: zu der Menschwerdung...« Durch diese Aussagen werden grundlegende biblische Lehren geradezu auf den Kopf gestellt:

– Wenn der Mensch sich allmählich emporentwickelt haben soll, dann ist er ein sich stetig fortentwickelndes und immer vollkommener werdendes Wesen. Ging aber der Mensch aus einem Schöpfungsakt Gottes hervor, dessen Geschichte im ersten Buch Mose aufgezeichnet ist, dann trat der Mensch in **vollendeter** Existenz auf. Durch den Fall kam er in Abwärtsbewegung, die ihn erlösungsbedürftig machte.

- **Der erste Mensch hatte keine Vorfahren** aus einem »Tier-Mensch-Übergangsfeld«, sondern ging direkt aus der Hand Gottes hervor: »Und Gott der Herr machte den Menschen (1. Mose 2, 7).«

- In einer kontinuierlichen Entwicklung muß jedes Wesen wiederum Eltern gehabt haben. Das schließen die biblischen Berichte eindeutig aus, denn es gab einen **ersten** Menschen: *Adam*. »Denn *Adam* ist am **ersten** gemacht, danach *Eva* (1. Tim 2, 13).«

- Der einige Millionen Jahre während Entwicklungsprozeß ist mit den Tagen von 1. Mose 1 nicht vereinbar wie in [31] gezeigt wird. Wir sind nicht der Ansicht, daß der Mensch nach seinem Ermessen das Wort der Schrift korrigieren muß, um der Wahrheit näher zu kommen. Darum können wir *Illies* nicht zustimmen, wenn er schreibt [47]: »Mit dem Korrekturfaktor 1:365000 käme man übrigens auf zwei Milliarden Jahre, was der Wahrheit schon sehr viel näherliegt!«

Die **Harmonisierungsversuche** der theistischen Evolutionisten müssen wir aus folgenden biblischen Gründen strikt ablehnen:

1. Es werden neue philosophische Ideen eingeführt, von denen die Bibel sagt: »Sehet zu, daß euch niemand einfange durch Philosophie und leeren Trug, gegründet auf der Menschen Lehre und auf die Elemente der Welt und nicht auf CHRISTUS (Kol. 2, 8).«

2. Der Kompromiß mit der Evolution geht auf Kosten der Schriftwahrheit. Grundlegende biblische Aussagen werden relativiert, für unzulänglich gehalten oder sogar ins glatte Gegenteil gekehrt. Die eigene philosophische Idee setzt man zum Korrekturfaktor des Wortes Gottes.

Zur rechten Einschätzung der theistischen Evolutionslehre müssen wir uns ihre Wirkungen ansehen:

– **Diese Lehre löst das Wort Gottes als absoluten Maßstab auf** und mündet in den theologischen Liberalismus, der unverbindlich bleibt und darum kraftlos ist.
Dr. *Bergmann* nannte diese Richtung einmal die
»Theologie der leeren Kirchen«.

– In diesen Strudel haben sich leider auch viele Theologen ziehen lassen. Der Preis eines scheinbaren wissenschaftlichen Anstrichs war sehr hoch, nämlich der **Ver-
lust eines klaren Schriftzeugnisses.** Wenn das Wort
nicht mehr eingesetzt wird als Schwert des Geistes, als
Richter der Gedanken (Hebr. 4, 12) und als ein Ham-
mer (Jer. 23, 29), der felsige Herzen zerschmeißt,
dann gelangen unter solcher Predigt wohl kaum Menschen zur Wiedergeburt (Joh. 3, 3).

– Der echt fragenden Jugend können wir **keine »doppelte Buchführung«** zumuten. Man kann nicht Gott
glauben und der theistischen Evolution (vgl. Matth. 6,
24).

– Die Lehre der theistischen Evolution bedeutet letztlich **Ungehorsam** gegenüber dem Wort Gottes. In der
Auseinandersetzung mit den Vertretern dieser Lehre
erweist sich diese Stelle schnell als der wunde Punkt
und als der Stein des Anstoßes (1. Petr. 2, 8). Ungehorsam gegenüber dem Wort Gottes nennt die Bibel
eine Zaubereisünde (1. Sam. 15, 23).

Die Schrift mahnt uns, nicht auf beiden Seiten zu hinken
(1. Kön. 18, 21), d. h. auf der Seite des Evolutionsglau-
bens und des Schöpfungsglaubens. Dem Worte Gottes
sollen wir weder etwas dazutun noch abtun (Off. 22,
18–19; 1. Kor. 4, 6).

Die weitverbreitete Evolutionslehre mag dem einen oder anderen wie ein unüberwindlicher Riese erscheinen. Auch hier kann uns die richtige Maßstabsfrage hilfreich sein. So sagte der Evangelist *Paul Meyer* (Neuland-Mission-Plettenberg) zu einem ähnlich gelagerten Fall: »Die israelischen Soldaten verglichen den Riesen *Goliath* mit sich selbst und gerieten dadurch in Angst. Nur der kleine *David* verglich den höhnenden Krieger mit Gott; dagegen erschien *Goliath* nur noch als Staubkörnchen. So schwand alle Furcht, und im Namen Gottes errang *David* den Sieg.« So wollen wir die Wahrheit – biblische Aussagen und naturwissenschaftliche Fakten – bezeugen und nicht vor einer evolutionistischen Mehrheit resignieren, sondern die Götzen dieser doktrinären Lehre, die da heißen »Zufall, Notwendigkeit, Selbstorganisation, riesig lange Zeiträume, Mutation und Selektion«, dem Auftrag Gottes gemäß entthronen: »Die Götter, die Himmel und Erde nicht gemacht haben, müssen vertilgt werden von der Erde und unter dem Himmel (Jer. 10, 11).«

# 5. Biblischer Schöpfungsglaube (Kreationismus)

Wie kommen wir zu der Erkenntnis, daß diese Welt und alles Leben durch eine direkte historisch stattgefundene Schöpfung entstanden ist? Die Antwort lautet: Nicht durch Forschung, nicht durch Philosophie, nicht durch Spekulation, sondern DURCH DEN GLAUBEN (Hebr. 11, 3). Dies geschieht in zwei Schritten.

**1. Der erste Schritt** stellt noch gar keinen Glaubensschritt dar, sondern der unvoreingenommene Beobachter gelangt durch das schlichte Betrachten der Schöpfung zu der fundamentalen Erkenntnis: Es gibt einen Gott! Jemand fragte einmal einen Beduinen, woher er weiß, daß es einen Gott gibt. Er antwortete darauf so: »Woher weiß ich, ob nachts ein Mann oder ein Kamel an meinem Zelt vorübergegangen ist? Ich sehe es an den Spuren im Sand. Wer kann sich in der Welt umsehen, ohne die Fußspuren Gottes zu bemerken?«

Von dieser Art der Erkenntnis Gottes spricht das Neue Testament in Röm. 1, 19−20 und das Alte Testament z.B. in Psalm 19, 2−5. Nach einer Wiedergabe von *Manfred Hausmann* lautet der letztere Text [39]:

»Die Weltallsweiten erzählen die Herrlichkeit Gottes.
Was seine Hände geschaffen, verkündigt das Firmament.
Ein Tag gibt dem andern die Kunde weiter,
und eine Nacht raunt der anderen das Geheimnis zu,
ohne Worte und ohne Sprache
mit einer Stimme, die kein Ohr vernimmt.
Die fremden Laute wehen in alle Lande,
und das Raunen geschieht bis an die Enden der Welt.«

Ein solches Betrachten führt zu dem Wissen, daß ein Gott sein muß. Alle Naturvölker treten mit ihrem wie auch immer gearteten Götterglauben den Beweis an. Die evolutionistische Sicht in der westlichen wie auch östlichen Hemisphäre hinkt in diesem Punkt den Naturvölkern weit hinterher.

**2. Der zweite Schritt:** Über die Person des Schöpfers und über Gott als den Vater JESU CHRISTI können wir nichts aus der Natur erfahren, sondern einzig von ihm selbst. So schreibt Prof. *H. M. Morris* [69]: Eindeutig sollte man jedoch erkennen, wenn Gott wirklich existiert und wenn er der Schöpfer und Erhalter der Geschichte ist, dann ist es töricht, diese Geschichte losgelöst von seinem offenbarten Wort verstehen zu wollen.« Ähnlich hat sich auch *A. Fuller* ausgedrückt [97]: »Ohne die Schöpfungsgeschichte befände sich die Welt in völliger Finsternis und wüßte nicht woher sie kommt und wohin sie geht. Auf der ersten Seite der Heiligen Schrift kann ein Kind in einer Stunde mehr erfahren als alle Philosophen der Welt ohne dieses Buch in Tausenden von Jahren gelernt und erkannt haben.«

Nur von Gott selbst können wir mit Sicherheit etwas erfahren über die Herkunft der Schöpfung, über ihre Ordnung, ihre Bedeutung, über ihr Ziel und über jedes weitere Faktum, das sich mit vorgeschichtlichen oder zukünftigen Ereignissen befaßt. Gott war dabei, er hat die Zweckbestimmung ausgemacht und nicht wir! Diese Fragen kann uns auch die **Naturwissenschaft** nicht beantworten. So sagte der Raketenforscher *Wernher von Braun* (1912–1977): »Je mehr man in die Naturwissenschaft eindringt, desto deutlicher erkennt man, daß die so tiefsinnig klingenden Bezeichnungen in Wirklichkeit schlechte Tarnungen der menschlichen Unwissenheit sind.«

Wenn auch bei den Weisen und Klugen manch echte und gültige Erkenntnis zu finden ist, so kann auch die **Philosophie** uns keine endgültige, freimachende oder gar rettende Wahrheit bieten. *K. Scheffbuch* schreibt [83]: »Zwar sind die verschiedenen Philosophien ... in ihrer Vielgestaltigkeit eine gewaltige Demonstration geistigen Ringens um Wahrheit. Aber es bleibt ein aussichtsloses Unterfangen, mit den begrenzten Werkzeugen menschlicher Erkenntnis die unbegrenzte, erhabene Wahrheit Gottes ausloten zu wollen.«

Der Schriftsteller und Arzt *Peter Bamm* äußert sich wie folgt [1]: »Die Weisheit unserer Philosophen ist ein so zäher Braten, daß nur der ihn in die Zähne nehmen kann, der das logische Gebiß eines Wolfes hat.«

**Denken** und **Forschen** sind äußerst wichtig und uns auch von Gott aufgetragene Tätigkeiten, nur mahnt uns die Bibel dazu, ihre Begrenzung zu beachten:
Pred. 8, 16–17: »Da ich mein Sinnen darauf richtete, Weisheit kennenzulernen, und danach suchte, die Tätigkeiten zu durchschauen, die auf Erden betrieben werden, ... da sah ich: alles ist Gottes Werk, doch der Mensch ist nicht imstande, die Vorgänge zu ergründen, die sich abspielen unter der Sonne. Wieviel der Mensch sich auch mit Forschen abmüht, er wird es nicht ergründen; und selbst der Weise, der meint, es zu kennen, vermag es nicht zu ergründen« (Jerusalemer Bibel).

Es ist dem Menschen nicht vergönnt, die Wahrheit schlechthin als objektive Realität aus uns selbst zu finden. Die Wahrheit, die uns die Bibel bezeugt, ist nur in der persönlichen Begegnung mit diesem Gott selbst erfahrbar. Sie ist weder in Sätzen großer Menschheitsführer noch in Ideen oder Begriffen oder Formeln faßbar, sondern allein in der Person JESU CHRISTI zu haben, der von sich sagen konnte, daß er **die Wahrheit** ist (Joh. 14, 6). Bei diesem JESUS CHRISTUS, der Herr, König und Schöpfer, Gottes Sohn, Anfang und Ende, Leben, Wahrheit und Heil in einer Person vereinigt, liegt darum auch einzig und allein der **Schlüssel** zum rechten Verständnis der Bibel (z.B. Schöpfung, Sinn und Ziel des Menschen). Hier erfahren wir, wer Gott ist, und wie wir mit Ihm in Kontakt treten können.

Wir brauchen nicht das Heer jener bibelkritischer Theologen, die das Wort der Schrift entmythologisieren, sezieren, drehen und wenden, verdrehen und verändern und hineininterpretieren und dann selbst nicht mehr daran glauben können, sondern unerschrockene Zeugen JESU CHRISTI, die eine herzliche Liebe zu Gottes Wort haben und nach der Art JESU damit umgehen. Wenn JESUS die Wahrheit in Person ist und er sich vorbehaltlos zur Schrift bekennt (z.B. Matth. 21, 42; Matth. 22, 29; Joh. 5, 47; Joh. 10, 35; Joh. 13, 18; Joh. 17, 17) – ebenso wie *Paulus,* der »allem glaubt, was geschrieben steht (Apg. 24, 14)« – dann dürfen wir gewiß sein, daß wirklich **alles** Wahrheit ist. Bei solcher – und nur bei solcher – Stellung zur Schrift wird es uns wie dem Psalmisten ergehen, der eine große Beute kriegt und zu tiefer Erkenntnis und großer Freude gelangt (Ps. 119, 162). Im Grunde drehen sich alle Fragen zur biblischen Botschaft darum, **wie** wir die Bibel lesen und ob wir dieses Fundament wirklich höher setzen als alle Erkenntnis dieser Welt. Bei solchem ungebrochenen Vertrauen zum Worte Gottes werden wir um einige wunderbare Erfahrungen bereichert:

– die Phänomene der Natur sind intellektuell redlich deutbar,
– es ergeben sich keine Widersprüche zu dem naturwissenschaftlichen Faktenwissen,
– wir können alle philosophische, dogmatische oder

spekulative Verkrampfung zur Naturdeutung fallenlassen und werden auf einen Grund gesetzt, der nicht
aus Sand gebaut ist.

Im Bewußtsein dieser Sachlage und der Erkenntnis, daß
die Theorie *Darwins* die überlieferte Geschichte der
Schöpfung nicht zu ersetzen vermag, wurde in Amerika
im Jahre 1963 eine **Gesellschaft zur Erforschung der
Schöpfung** gegründet, der heute mehrere hundert Voll-
mitglieder angehören. Diese Mitglieder sind Wissenschaftler, die mindestens in einer naturwissenschaftlichen oder angewandten Disziplin einen akademischen
Grad erworben haben und sich zu folgenden Glaubensaussagen bekennen [97]:

– Die Bibel ist das geschriebene Wort Gottes; alle ihre
  historischen und wissenschaftlichen Aussagen sind
  wahr.
– Alle Grundtypen von Lebewesen wurden durch direkte Schöpfungsakte Gottes ins Leben gerufen. Alle
  biologischen Veränderungen haben sich seitdem nur
  innerhalb der ursprünglich erschaffenen Arten vollzo-
  gen.
– Die in der Genesis beschriebene Flut ist ein histori-
  sches, weltweites Ereignis gewesen [98].

Bei der Betrachtung der Bibel ist alles von Bedeutung:
– die spezielle Wortwahl,
– die Verwendung von Singular und Plural,
– die Zeitform der Verben,
– die Handlungen,
– der Textzusammenhang,
– die göttlichen Zusagen,
– das biblische Gesamtzeugnis.

Wer diese Einzelheiten beachtet, wird in der Bibel eine
**einheitliche, in sich geschlossene Lehre** vorfinden, die
eine Wirklichkeitsbeschreibung und -deutung für den

Menschen und diese Welt beinhaltet, die zeitlos und nicht mehr korrekturbedürftig ist. Dennoch soll auf einen Gesichtspunkt hingewiesen werden, der gelegentlich zu Schwierigkeiten führt. *Peter Bamm* sagte einmal [1]: »Keiner von uns zweifelt an der Gültigkeit des *Kopernikanischen* Weltsystems. Aber für uns alle geht die Sonne unter.« Diese Ausdrucksweise benutzt jeder moderne Astronom, ohne daß jemand daran Anstoß nimmt. Auch die Bibel benutzt gängige Sprachweisen und ist dennoch wahr und genau, in dem was gesagt werden soll. So erscheinen uns manche schwierige Stellen der Bibel als solche, weil besonders in den poetischen Büchern eine blumenreiche **Bildersprache** verwendet wird. Wenn der Psalmist von den »Grundfesten« oder »Pfeilern« der Erde spricht (Ps. 104, 5; Hiob 38, 4–6), wäre es falsch zu denken, der Dichter lehre damit, die Erde sei eine platte Fläche, die auf Pfeilern ruhe. Ist es da nicht einleuchtender, an die »Fundamente der Erde«, d. h. an die geophysikalische Vorstellung der Isostasie* zu denken, wonach die über das Geoid** aufragenden Massen durch ein entsprechendes Massendefizit im Untergrund kompensiert werden? Sicherlich hat der Dichter nicht daran gedacht, aber der Sprachgebrauch der Schrift läßt in solchen Fällen Raum für eine spätere wissenschaftliche Auslegung der benutzten Ausdrücke. Gott hat Menschen vieles offenbart, was sie vom Heiligen Geist getrieben (2. Petr. 1, 21) in der Bibel zu bezeugen hatten, auch wenn sie es selbst nicht immer verstanden und mit Worten und Bildern ihrer Zeit zum Ausdruck gebracht haben. Als man im Altertum immer noch glaubte, die Erde sei eine

* Isostasie (griech. stasis = Stand) ist die Lehre vom Gleichgewichtszustand der Massen innerhalb der Erdkruste.

** Als Geoid (Erdkörper) bezeichnet man die mit der mittleren Meeresoberfläche zusammenfallende Niveaufläche der Erde, die an allen Orten von der Richtung der Schwerkraft senkrecht geschnitten wird.

Scheibe, die auf dem Wasser schwimme, bezeugte *Hiob* bereits den wahren Sachverhalt:

Hiob 26, 7: »Er (Gott) breitet aus die Mitternacht über das Leere und hängt die Erde an nichts.«

Mit Worten unseres heutigen Sprachgebrauchs heißt das: »Der leere Weltraum ist dunkel und die Erde schwebt ohne Aufhängung frei darin.«

# 6. Bionik – die Wissenschaft, die von den Ideen Gottes lernt

In jüngster Zeit hat sich ein bemerkenswerter Wissenschaftszweig – die Bionik – etabliert, der sich die Aufgabe stellt, die in der Natur realisierten Höchstleistungen und reichhaltigen Gedankenkonzepte für die Belange der Elektronik, der Informationstechnik, der Medizintechnik, der Energetik, der chemischen Verfahrenstechnik, der Flugdynamik und zahlreicher anderer Anwendungsgebiete auszunutzen und Anregungen zur Lösung technischer Aufgabenstellungen zu geben. Von *Jack E. Steele* (Dayton) stammt die 1958 eingeführte Bezeichnung »bionics« (Bionik), durch die die besondere Verknüpfung von **Biologie** und **Technik** zum Ausdruck kommen soll. Die folgenden genannten Ausführungen sollen hinweisen auf Gottes unsichtbares Wesen und seine unermeßliche Weisheit und Kraft, die wir seit der Schöpfung der Welt wahrnehmen können (Röm. 1, 20). *Justus v. Liebig,* der Begründer der organischen Chemie, des modernen Chemieunterrichts und der Kunstdüngerlehre, sagte [71]: »Wahrlich, die Größe und menschliche Weisheit des Weltenschöpfers erkennt nur der, welcher in dem unendlichen Buche, welches die Natur ist, seine Gedanken zu verstehen sich bemüht, und alles, was sonst die Menschen von ihm wissen und sagen, erscheint wie leeres, eitles Gerede dagegen.« So dürfen wir uns freuen über Wissenschaftszweige, die in besonderer Weise geeignet sind, die großen Taten Gottes in der Schöpfung zu verdeutlichen. Je mehr wir durch den Fortschritt der Forschung die Wunder und den Ideenreichtum in der Schöpfung erkennen, desto demütiger sollten wir vor dem Schöpfer stehen und ihn anbeten: »Herr, wie sind deine Werke groß! Deine Gedanken sind so sehr tief (Ps. 92, 6).«

Die Entwicklung des Flugwesens ist bereits eng mit dem bionischen Grundgedanken, technische Probleme durch Kenntnis natürlicher Systeme zu lösen, verknüpft. Der in »vorbionischer Zeit« erbaute Londoner Kristallpalast (1850–1851) stellt einen Markstein in der Geschichte der **Baukunst** dar. Dieser Ausstellungspalast zeigte eine Dachkonstruktion aus Stahl und Glas, zu der sein Architekt und Konstrukteur Sir *Joseph Paxton* die Anregung beim Studium der im Amazonasgebiet verbreiteten Riesenseerose Victoria amazonica erhielt. Die auf dem Wasser schwimmenden Blätter der Riesenseerose erreichen einen Durchmesser bis zu 2,30 m, weisen einen umgebogenen Blattrand sowie ein Rippennetz auf, das dem Blatt eine sehr hohe Tragfähigkeit verleiht und es gegen Absinken und Zerstörung sichert. Das Prinzip der radialen Verrippung regte *J. Paxton* nicht nur zu einer für die damalige Zeit einmaligen Raum- und Lichtkonzeption an, sondern dieser Bau war zugleich der Beginn der heutigen Glieder- und Montagebauweise aus vorgefertigten Bauteilen. Mit Recht gilt daher die große Ausstellungshalle als ein Wendepunkt, durch den die gesamte Entwicklung der Baugeschichte eine andere Richtung einschlug.

An Knochensystemen wurde die sehr bedeutsame Tatsache nachgewiesen, daß derartige Strukturen mit einem minimalen Materialeinsatz realisiert sind. Dieses sogenannte »Maximum-Minimum-Prinzip« im Lebendigen besagt, daß ein Maximum an Leistung durch ein Minimum an eingesetztem Material erreicht wird. Untersuchungen an verschiedenen Organismen, Organen, Geweben, Zellen, Zellstrukturen sowie der Knochenarchitektur haben die Allgemeingültigkeit dieses Prinzips belegt. Wer an Datenverarbeitungsanlagen Prozesse optimiert, weiß, welch komplizierte Programme erdacht und implementiert werden müssen, um optimale Parameter eines Systems zu bestimmen [30]. Der Zufall leistet so etwas nicht!

Im Bereich der **Informationsaufnahmesysteme** [41] sehen wir uns einer ganzen Wunderwelt gegenüber. Je nach der Energieform des Informationsträgers der Reize können die Sinne der Tiere eingeteilt werden in:
– chemische Sinne     (Aufnahme chemischer Energie)
– Temperatursinne    (Aufnahme von Wärmeenergie)
– Lichtsinne           (Aufnahme von Strahlungsenergie)
– mechanische Sinne (Aufnahme von mech. Energie)
– elektrostatische
  Sinne             (Aufnahme von Elektroenergie)

Eine große Anzahl von tierischen **Rezeptoren** (Empfänger von Reizen) erweist sich als außerordentlich leistungsfähig, indem auch schwächste Umweltsignale aufgenommen und in entsprechende, verarbeitbare körpereigene Signale umgewandelt werden, die eine Weiterleitung zu den jeweiligen Zentren der Informationsverarbeitung erfahren. Dabei zeigen die Rezeptorzellen oft den höchsten Grad an Empfindlichkeit, der nach chemischen und physikalischen Erkenntnissen überhaupt möglich ist.

## 6.1. Chemische Sinne

Obwohl der Geruchs- und Geschmackssinn des Menschen mit dem mancher Tierarten nicht vergleichbar ist, so ist doch bemerkenswert, daß er noch in der Lage ist, Chininhydrochlorid in Verdünnungen von 0,000 001 Mol/Liter zu schmecken. In einem Liter Luft können die Geruchsorgane des Menschen noch wahrnehmen [86]: 0,000 000 004 g Azeton, 0,000 000 000 005 g Kanillin und sogar nur 0,000 000 000 000 045 g Mercaptan. Bis heute gibt es noch keine befriedigende Theorie zur Erklärung des Gesamtmechanismus des Geschmacks. Hier begegnet uns ein Erfinderreichtum des Schöpfers, der in seiner Kompliziertheit einem Zufall nicht zugeschrieben werden kann. Die Bionik ist sehr daran interessiert, die Gedanken des Schöpfers »nachzudenken«, da das Erkennen der nach Tausenden zu zählenden verschiedenen Riechstoffmoleküle für viele Industriezwecke, für die Medizin sowie für Kontroll- und Suchgeräte des Bergrettungsdienstes von großer Bedeutung wären. Unter den zahlreichen Wundern aus dem Bereich der Geruchssinne soll hier noch die **Erzwespe** (Lariophagus distinguendus) erwähnt werden, die dem Kornkäfer (Calandra granaria L.) nachstellt [20]. Der **Kornkäfer** lebt in Getreidelagern und bohrt zur Eiablage je ein Weizen- oder Roggenkorn an. Dr. *A. H. Kaschef* stellte die Fähigkeiten der Erzwespe als Getreidepolizist auf die Probe. Unter einem Haufen von 96 000 gesunden Weizenkörnern mischte er 118 vom Kornkäfer befallene und schickte die Wespen auf die Suche. Bis auf vier Stück wurden alle Körner gefunden, obwohl sie sich nur durch den Geruch und ein winziges Loch von dem gesunden unterschieden und bis zu 32 cm tief in der Masse verborgen lagen. Dieses Vorbild für eine duftgesteuerte Sortiermaschine hat bisher noch kein Mensch erfinden können.

### 6.2. Thermische Sinne

Der Mensch hat auf der gesamten Haut verteilt etwa 250 000 Kälte- und 30 000 Wärmepunkte, mit denen er örtlich verteilt die verschiedenen Temperaturqualitäten bestimmen kann. Hat der Zufall diese komplizierte Meßapparatur mit allen dazugehörigen Leitungen konstruiert? Thermorezeptoren mit den verschiedensten Temperaturbereichen und Empfindlichkeiten sind aus dem Tierreich bekannt: Frisch geschlüpfte **Stechmücken** (Culex fatigans) können im Bereich von 29 bis 30 °C aus 1 cm Entfernung noch auf ein Temperaturgefälle von 0,05 °C ansprechen. Auf der Grundlage von elektrophysiologischen Untersuchungen der amerikanischen **Schabe** (Periplaneta americana) ist belegt worden, daß diese Insekten noch Temperaturdifferenzen bis zu 0,003 °C wahrnehmen. **Klapperschlangen** (Crotalus spec.) haben auf beiden Seiten des Kopfes zwischen den Augen und den Nasenlöchern sogenannte Grubenorgane, mit denen sie in der Lage sind, Temperaturunterschiede von einigen tausendstel Grad zu empfinden. Darüber hinaus besteht eine hohe Richtungsempfindlichkeit, die ihnen die Möglichkeit gibt, auch nachts ihre Beute sicher zu orten. Während der Mensch etwa drei Wärmepunkte pro cm$^2$ Haut hat, drängen sich auf der gleichen Fläche des Grubenorgans der Klapperschlange nicht weniger als 150000 wärmeempfindliche Sinnesnervenzellen. Sind das alles »zufällige Launen« der Evolution oder sind es zielgerichtete Gedanken des Schöpfers?

Viele Tiere besitzen eine Fähigkeit, die beim Menschen nicht so präzise ausgebildet ist: den **absoluten Temperatursinn.** Würde ein Mensch nacheinander durch Zimmer unterschiedlicher Temperatur von 16, 17, 18, 19, 20 und 21 Grad gehen, die sich allerdings in bunt durcheinandergewürfelter Reihenfolge befinden, so könnte er nach dem Gefühl nicht sagen, in welchem Zimmer 19 Grad herrschen. Wie ein Musiker mit absolutem Gehör sofort einen Ton als z. B. »cis« erkennt, so vermögen Nagetiere, Bienen und Fische eine Temperatur von 19 Grad bei vorhergehender Dressur auf 1 Grad genau zu bestimmen, auch wenn sie zuvor aus kalter oder warmer Umgebung kommen.

Einen Höhepunkt an Präzision stellt die Zunge des in Australien lebenden Großfuß- oder **Tallegalla-Huhns** (Leipoa ocellata), das auch Brutkastenvogel genannt wird, dar. Es läßt seine Eier in einem selbst errichteten »Brutkasten« von der Verwesungswärme zusammengescharrter Blätter und Gräser ausbrüten. In der Eikammer muß stets eine Temperatur von 33 Grad aufrechterhalten werden. Das bedeutet für den Vogel während eines halben Jahres eine tagtägliche ungeheure Anstrengung bei den verschiedenen Umweltbedingungen, ob es in der Steppe heiß oder nur warm, Tag oder Nacht ist, ob die Sonne scheint oder nicht. Je nach Heizvorrat müssen Lüftungsschächte gegraben oder verschlossen, die wärmeisolierende Sanddecke ab- oder aufgetragen, verdickt oder verjüngt werden. Der australische Zoologe Dr. *H. J. Frith* [20] testete den Vogel, indem er drei elektrische Heizöfen in den Bruthügel einbaute und sie nach Belieben ein- und ausschaltete. Der Vogel reagierte stets richtig, um die 33 Grad in der Eikammer aufrechtzuerhalten. Alle paar Minuten steckte der Vogel den Schnabel hier und da und dort in den Hügel, zog ihn mit Sand gefüllt zurück und ließ die Bodenprobe langsam zu beiden Seiten herausrieseln, nachdem er die Temperatur mit dem »Thermometer« in der Zunge oder im Gaumen »gekostet« hatte. Mit größtem Feingefühl erspürte er auf zehntel Grad genau den Wärmefluß im Innern des Baus und handelte stets richtig.

## 6.3. Lichtsinne

Für den Menschen gilt das Auge als eines der wichtigsten Sinnesorgane (Pred. 1, 8: »Das Auge sieht sich nimmer satt.«), durch das er mehr als ein Drittel seiner Informationen über die Welt aufnimmt.

Das menschliche Auge ist imstande, eine ungeheure Spanne von Helligkeiten zu überbrücken. Die Grenzen des Sehens liegen bei großen Helligkeiten an der Stelle, wo die Lichtflut zu schmerzen beginnt. Das entspricht etwa der Helligkeit der Sonnenscheibe. Die untere Grenze der Lichtwahrnehmung wird erreicht, wenn wir uns längere Zeit im Dunkeln aufhalten. Auch sehr schwache Lichtquellen können wir dann noch wahrnehmen. Das Auge vermag einen ungeheuer großen Bereich der Lichtintensität zu erfassen: Eine schmerzhaft blendende Lichtquelle ist etwa 10 milliardenmal heller als das schwächste Leuchten, das wir im Dunkeln gerade noch wahrnehmen können.

*Woltereck,* der in seinem Buch »Das unwahrscheinliche Leben« den Schöpfer mit keinem Wort erwähnt, gibt dennoch ehrlicherweise zu, daß es eine Erklärung für die Entstehung des Auges nicht gibt [103]:

»Die Empfindlichkeit des menschlichen Auges erwies sich bei neueren Untersuchungen als so groß, daß die Grenze des theoretisch überhaupt Möglichen erreicht wird: Die unendlich schwache Einwirkung von wenigen ›Lichtquanten‹ auf unsere Netzhaut genügt, um bereits eine Lichtempfindung hervorzurufen. Das ist also die absolute Gipfelleistung, da es ja eine geringere Lichtmenge nicht geben kann. Das Auge gehört überhaupt zu den größten Wundern, die von der Natur geschaffen worden sind. Der bekannte Gelehrte Prof. *Bleuler* hat sich einmal die Mühe gemacht, nach den Regeln der Wahrscheinlichkeitsrechnung die Frage zu prüfen, wie dieses Organ aller höheren Lebewesen entstanden sein könnte. Er hat genau ausgerechnet, wie groß die Wahrscheinlichkeit dafür ist, daß sich zu irgendeinem Zeitpunkt die verschiedenen Teilorgane eines Wirbeltierauges durch Zufall so kombinieren, daß ein funktionsfähiges Sehorgan entsteht. Das Ergebnis dieser ›Mathematik des Wunders‹ wollen wir lieber nicht in Zahlen hinschreiben: *Bleuler* stellte nämlich fest, daß sich diese Wahrscheinlichkeit wie eine 1 zu einer Zahl mit mindestens 40 Nullen verhält! Durch Zufall kann das Auge also nicht entstanden sein, durch Selektion auch nicht, ja wir können seine Entstehung überhaupt nicht ›erklären‹ – es bleibt ein Wunder.«

Auf die Frage nach der Entwicklung von Organen, die durchweg äußerst kompliziert sind, haben die Evolutionisten also keine Erklärung. Es erscheint ihnen selbst recht merkwürdig, diese hochgradig zielorientierten Systeme zu erklären. So schreiben *Remane, Storch* und *Welsch* zur Bildung des Auges [80]:

»Eine Stelle der Haut mit Lichtsinneszellen kann durch Pigmentanhäufung zu einem Augenfleck werden. In einem zweiten Schritt wird der Augenfleck zu einem Napfauge, aber dieser zweite Schritt kann nicht richtungslos an einer beliebigen Stelle erfolgen, sondern ist an den Ort des Augenflecks gebunden. Dadurch wird die Wahrscheinlichkeit einer Weiterentwicklung zu einem Auge stark herabgesetzt, und das ist bei jedem weiteren Schritt der Fall, so daß die Wahrscheinlichkeit einer solchen Entwicklung äußerst gering wird. *Darwin* schrieb daher in einem Brief an *Gray:* ›Wenn ich an das menschliche Auge denke, bekomme ich Fieber.‹ Daß man dem Zufall nicht zuviel zumuten darf, sei an einem Beispiel nach *Ludwig* (1959) gezeigt: ›Würde man irgendwen fragen, ob beim Würfeln eine Serie zu vierzig Sechsen auftreten könnte, wenn alle Menschen, die je auf der Erde gelebt haben, täglich tausend Serien zu vierzig Würfeln gewürfelt hätten, so würde die Antwort wohl meistens ›ja‹ lauten. Indessen könnte man selbst dann, wenn auf 1 Million Erden 2 Milliarden Menschen seit 1 Milliarde Jahren täglich $1000 \times 40$ Würfe machen, 19:1 wetten, daß unter diesen $10^6 \cdot (2 \times 10^9) \cdot 10^9 \times (365 \cdot 10^3)$ Serien keine einzige mit vierzig Sechsen gewesen sei.‹«

Die verbindliche Antwort gibt uns nur die Bibel. Gott

selbst sagt uns: »Wer hat den Sehenden gemacht? Habe ich es nicht getan, der Herr (2. Mose 4, 11)?« Der Psalmist lehrt uns ebenso, daß Gott der Konstrukteur des Auges ist: »Der das Ohr gepflanzt hat, sollte der nicht hören? Der das Auge gemacht hat, sollte der nicht sehen (Ps. 94, 9)?«

Als atemberaubend können die Experimente und Ergebnisse bezeichnet werden, die zur Klärung der Funktionsweise des menschlichen Sehvermögens beitragen sollten, dennoch bleibt eine Fülle ungelöster Fragen offen. So schreibt *Dröscher* [20]: »Das Auflösen des schwarzweißen Bildes in zahllose Linien, das Durcheinanderwürfeln der räumlichen Zusammenhänge, der gleichzeitige ›Morsesignalverkehr‹ in Millionen Leitungen, das Finden der richtigen Kontaktstellen durch wachsende Nervenfasern, die für einen Menschen unbegreifliche und doch höchst sinnvolle Vielgestaltigkeit der Nervenschaltungen, die Beeinflußbarkeit derselben durch Lernvorgänge, die Koordinierung der empfangenen Sinnesreize mit den Zitter- und Abtastbewegungen des Augapfels und vieles mehr – das alles fügt sich zusammen zu jenem großen Wunder der Schöpfung, dessen Größe uns naturwissenschaftlicher Forschergeist jetzt erst ahnen läßt.«

Ein völlig anderes Konstruktionsprinzip liegt dem **Facettenauge** der Gliederfüßler zugrunde, zu denen Krebse, Spinnentiere und Insekten zählen. Ihre Augen sind aus zahlreichen keilförmigen und optisch voneinander isolierten Einzelaugen zusammengesetzt, die auf einer Halbkugel angeordnet sind. Das ganze Sehorgan bekommt dadurch das Aussehen eines in vielen winzigen Facetten angeschliffenen Brillianten. Die Anzahl der Einzelaugen in den Facettenaugen ist sehr unterschiedlich [43] und beträgt bei der Libelle 10 000, der Biene 9000, der Hummel 4000 und bei dem Leuchtkäfer-

Männchen 2500. Jedes Teilauge schaut starr, um einige Grad verkantet, in eine etwas andere Richtung als die Nachbaraugen. Dadurch ergeben sich ganz ausgezeichnete Navigationsmöglichkeiten [20]:

Das **Bienenauge** rastert z. B. den Himmel in Planquadrate auf, wobei jedes Teilauge nur seinen, dem Öffnungswinkel von zwei bis drei Grad entsprechenden Bildausschnitt beobachtet. In jedem Moment sieht nur ein einziges Teilauge die Sonne. Damit ist die Biene in der Lage, Kurswinkel relativ zur Sonne zu messen und nach dem Sonnenstand zu navigieren. In gleicher Weise rastern die Augen fliegender Bienen die Landkarte unter sich auf, um die Fluggeschwindigkeit über dem Erdboden zu messen. Die Gestaltwahrnehmung von Einzelheiten des Untergrundes ist dazu gar nicht nötig und wäre auch zu kompliziert. Es genügt, wenn ein einziges Teilauge beim Überfliegen des Untergrundes einen Hell-Dunkel-Wechsel registriert und wenn derselbe Hell-Dunkel-Wechsel kurze Zeit später von einem benachbarten Teilauge empfangen wird. Aus dem Zeitunterschied berechnet das Bienenhirn die Fluggeschwindigkeit über Grund. Die Luftfahrt hat nach dieser Erfindung des Schöpfers ein Gerät zum Messen der Fluggeschwindigkeit über dem Erdboden gebaut.

Aber nicht nur das Auge, sondern auch der gesamte Körper mit allen Organen und Einzelheiten ist aus des Schöpfers Hand hervorgegangen: »Deine Hände haben mich kunstvoll gebildet und sorgsam gestaltet. Mit Haut und Fleisch hast du mich umkleidet und mit Knochen und Sehnen mich durchflochten (Hiob 10, 8 + 11; Menge-Übers.).« Der Psalmist dankt Gott für die wunderbare Gestaltung: »Denn du hast meine Nieren bereitet und hast mich gebildet im Mutterleibe. Ich danke dir dafür, daß ich wunderbar gemacht bin (Ps. 139, 13–14).«

## 6.4. Rezeptoren als Vorbilder technischer Systeme

Die realisierten Gedankenkonzepte Gottes in der Schöpfung, insbesondere bei den Lebewesen, enthalten eine so große Fülle von Erfindungen, daß sie als Vorbilder technischer Systeme bezüglich der Informationsverarbeitung und -auswertung, eines hohen Wirkungsgrades, der Miniaturisierung von Bauelementen, Anpassungsfähigkeit und der hohen Zuverlässigkeit dienen können. In den verschiedenen Sinnesorganen der Lebewesen geschieht die Aufnahme des Reizes in den sogenannten Rezeptoren (Empfänger von Sinnesreizen). Bis heute ist von **keiner** Rezeptorzelle der Prozeß der Wandlung des physikalischen oder chemischen Reizes in die physiologische Erregung bzw. Hemmung befriedigend bekannt. Durch die Komplexität der Prozesse sind der Beobachtung und dem Experiment Grenzen gesetzt. Hat Gott diese Grenze gesetzt, damit der Mensch sich nicht erhebe und in der Tiefe der Schöpfungsgedanken erkennt, daß Seine Gedanken höher sind als unsere Gedanken (Jes. 55, 8–9)? Gott stellt auch uns die Frage: »Wer gibt die Weisheit in das Verborgene? Wer gibt verständige Gedanken (Hiob 38, 36)?«

Die Leistungsfähigkeit verschiedener Rezeptoren kann mit Hilfe folgender Kenngrößen verglichen werden [2]:

1. Reizschwelle
2. Unterschiedsschwellen
3. Adaption

**Reizschwelle:** Die Intensität des zugeführten Reizes muß einen bestimmten Mindestwert (»Reizschwelle«) überschreiten, um im Rezeptor einen Erregungsvorgang auszulösen. Die erforderliche Einwirkungszeit wird mit Nutzzeit bezeichnet. Für den Menschen können folgende Zahlenwerte als Reizschwelle angegeben werden:

| | |
|---|---|
| Auge | $2,8 \cdot 10^{-17}$ Ws |
| Ohr | $5 \cdot 10^{-18}$ Ws |
| Berührung | $10^{-8}$ Ws |
| Geruch | $4,4 \cdot 10^{-14}$ g/cm³ (Mercaptan in Luft) |
| Geschmack | $10^{-6}$ g/cm³ (Saccharin in Wasser) |
| Schmerz | $4,8 \cdot 10^{-16}$ W/cm² |

Eine Wattsekunde (Ws) ist diejenige Energieeinheit, die freigesetzt wird, wenn in einem Stromkreis bei einer Spannung von 1 Volt eine Sekunde lang 1 Ampere fließt.

**Unterschiedsschwelle:** Hierunter versteht man das Auflösungsvermögen hinsichtlich der Zeit, des Raumes und bezüglich der Reizintensitätsschwankungen. Für den Menschen betragen die kleinsten wahrnehmbaren Intensitätsunterschiede zweier aufeinander folgender Reize bezogen auf den schwächsten Reiz:

| | |
|---|---|
| Auge | 1/150 |
| Ohr | 1/8 |
| Druck | 1/29 |
| Geschmack | 1/8 |

**Adaption:** Hierunter ist eine Empfindlichkeitsabnahme bei längerer anhaltender gleichbleibender Reizung zu verstehen. Technisch gesehen bedeutet das eine Meßbereichserweiterung eines Meßgerätes.

Der **Photorezeptor** ist der vergleichsweise am weitesten erforschte Rezeptor. Bei einer Nutzzeit von einer halben Sekunde ergibt sich beim Photorezeptor der menschlichen Retina (Netzhaut) eine maximale Reizenergie von $2,8 \cdot 10^{-17}$ Ws. Die Energie eines Lichtquants (Quant = kleinste Einheit physikalischer Größen, von denen nur ganzzahlige Vielfache auftreten) der Wellenlänge 50 Nanometer (1 nm = $10^{-9}$ m) stellt etwa den 100sten Teil dieser minimalen Reizenergie dar. Dennoch sind 100 Quanten nötig, um eine Erregung auszulösen. Wegen Absorption (lat. absorbere = verschlucken) gelangen jedoch nur 40 Prozent zur Rezeptorzelle. Bei 0,5 s Nutzzeit würden also etwa 30–40 Quanten auf 100 Rezeptorzellen verteilt, d. h. ein bis zwei Quanten kämen auf eine Zelle. Offenbar liegt also ein Einquantenprozeß vor, so daß eine weitere Empfindlichkeitssteigerung des Rezeptors aus physikalischen Gründen nicht möglich ist. Technisch bemerkenswert ist auch das hohe Verhältnis Nutz- zu Rauschsignal von etwa $3,3 \cdot 10^6 : 1$. Damit ist eine äußerst hohe Sicherheit für die Informationsübertragung gesichert.

Diese Leistungsdaten sind aus physikalischen Gründen nicht mehr zu überbieten. Vergleicht man das biologische Wandlersystem mit der technischen Photozelle, so zeigt sich eine unvergleichliche Überlegenheit des ersteren. Die biologische Rezeptorzelle ist also schon hinsichtlich der Empfindlichkeit selbst hochentwickelten technischen Photozellen mit nachgeschalteten sehr hoch verstärkenden Elektroniken deutlich überlegen. Für die Anregung eines solchen Systems benötigt man etwa $10^3$–$10^4$ Quanten der wirksamsten Wellenlänge. Außerdem ergibt die Realisierung solcher technischer Systeme Dimensionen, die mit den Abmessungen biologischer Systeme in keiner Weise konkurrieren können.

**Geruchs- und Geschmacksrezeptorzellen** dienen zur Wahrnehmung chemischer Reize aus der Umgebung. Die Elementarprozesse selbst wie auch die sich anschließenden Verstärkungsmechanismen, durch den die beeindruckenden Empfindlichkeiten gegenüber speziellen Riechstoffen zustandekommen, sind nahezu unbekannt. *Schneider* und *Kaissling* fanden beim Schmetterlingsmännchen Bombyx mori gegenüber dem Sexuallockstoff des Weibchens eine Empfindlichkeit von 1 Molekül je Rezeptorzelle bei einer Nutzzeit von etwa 0,1 Sekunde. Das Ausmaß dieses Wunders der Schöpfung wird deutlich, wenn man bedenkt, daß alle bekannten chemischen

Verfahren wie Wägungen, Fällungen oder chromatografische Verfahren ein Vielfaches von Molekülzahlen benötigen, das nur durch mehrere Zehnerpotenzen auszudrücken ist. Für die technisch eingesetzten sogenannten Gaschromatographen zur Identifizierung chemischer Verbindungen sind etwa $10^{10}$ Moleküle eines Stoffes notwendig. Auch die Dimensionen eines solchen Apparates sowie die umfangreiche Auswertung mit Computern [57] zeigen auch hier eine klare Überlegenheit des biologischen Systems.

## 6.5. Anregungen für technische Problemlösungen

Die Erforschung der verwendeten Prinzipien in der belebten Schöpfung ist in hervorragender Weise geeignet, schwierige Ingenieuraufgaben mit ungeahnten Ideen zu befruchten. Wieviel Erfindergeist und Sachkenntnis verschiedener Fachgebiete sind nötig, um ein funktionsfähiges Gerät zu konstruieren und dann unter Einsatz verfügbarer Technologien und Werkstoffe in die Realität umzusetzen! Wird hier nicht deutlich, daß die viel komplexeren Lösungen in der Natur einen weiseren Konstrukteur verlangen? Prof. *Wilder-Smith* schreibt [102]: »Die Größe einer Person oder einer Persönlichkeit kann man an der Größe seiner Gedanken und Konzepte messen. An der Schöpfung kann man demnach die Größe der Persönlichkeit messen, der sie erschaffen hat ... Es ist offensichtlich, daß Gottes Schöpfungsentwurf gewaltig ist und deshalb von einem großartigen Schöpfergeist stammen muß.« Darum preist der Psalmist den Schöpfer: »Herr wie sind deine Werke so groß! Deine Gedanken sind so sehr tief. Ein Törichter glaubt das nicht, und ein Narr achtet solches nicht (Ps. 92, 6–7).« Muten Evolutionisten dem Zufall nicht Unmögliches zu? Der Herr

JESUS beschreibt die Situation so: »Denn mit sehenden Augen sehen sie nicht (Matth. 13, 13).«

An einem Beispiel soll hier gezeigt werden, wie ein an **Stechmücken** verwirklichter Richtungsempfang als Anregung zum **Bau eines technischen Peilgeräts** diente. Untersuchungen von Prof. *H. Tischner* an Stechmücken haben ergeben [94], daß die fliegenden Männchen ein fliegendes Weibchen durch Peilung eines Summtons orten, der durch ihren Flügelschlag erzeugt wird. Es ist dabei bemerkenswert, daß die Ortung in Gegenwart des eigenen Fluggeräuschs sicher funktioniert. Der Empfang der akustischen Signale geschieht mit Hilfe der am Kopf des Männchens befindlichen zwei Hörorgane, die nach ihrem Entdecker als »Johnston-Organe« bezeichnet werden, und die in zwei Antennen (Geißeln) auslaufen. Wegen der geringen Entfernung der Johnston-Organe von nur 0,2 mm liegt hier nicht ein Richtungshören auf Grund des Zusammenwirkens beider Hörorgane unter Ausnutzung der Laufzeitunterschiede des Schalls vor. Ein völlig anderes Prinzip des Richtungshörens ist hier realisiert, das sich von dem des Menschen und der höheren Tiere grundsätzlich unterscheidet. Anstelle der Laufzeitunterschiede wird die Richtung des Schallschnellevektors, also die Richtung des Geschwindigkeitsvektors des im Schallfeld periodisch bewegten Mediums zur Peilung herangezogen. Die Antennen des Männchens führen im Schallfeld des vom Weibchen stammenden Fluggeräusches eine der Schallschnelle entsprechende Bewegung aus. Als Schallschnelle bezeichnet man in der Akustik die Geschwindigkeit der hin- und herschwingenden Mediumteilchen in einer Schallwelle. Der steife Antennenschaft überträgt die Bewegung auf eine mit ihm starr verbundene Platte, die im Johnston-Organ elastisch gelagert ist und an der viele Sinneszellen enden. Die Erregung dieser Sinneszellen hängt nun von der Bewegungsrichtung der Antenne und damit von der Einfallsrichtung des Schalles ab.

Dieses Prinzip wurde zur Konstruktion eines technischen Peilgerätes ausgenutzt, um die Lage einer Schallquelle nach Richtung und Entfernung bezogen auf den Ort der Peilrichtung zu ermitteln. *A. Schief* [85] beschreibt das elektronische Gerät, dessen Bau durch Untersuchungen des Richtungshörens von Stechmücken angeregt wurde. Die so gewonnene Lösung kommt mit vergleichsweise kleinen Empfängern aus. Dennoch würde bei einem Vergleich der Miniaturisierung mit dem lebenden Vorbild das technische Gerät weit abfallen.

## 6.6. Biologische Informationsverarbeitung

Zu den wohl am schwierigsten zu untersuchenden, aber auch zu den bemerkenswertesten und interessantesten Geschehnissen in biologischen Systemen gehört die Informationsverarbeitung. Die Präzision und optimale Konstruktion nach vielerlei Gesichtspunkten läßt uns den Schöpfer als Planer und Konstrukteur so recht deutlich werden. Wohin führt uns das überhaupt nur stückweise mögliche »Nachdenken der Gedanken Gottes«? Verfallen wir einem evolutionistischen Zufallsdenken mit all seinen Konsequenzen, oder gelangen wir in die Anbetung: »Gelobt sei der Name Gottes von Ewigkeit zu Ewigkeit! denn sein ist beides, Weisheit und Stärke (Dan. 2, 20).«?

Das Nervensystem ist mit seinen zentralen und peripheren Funktionen unter dem Gesichtspunkt der Codierung, Signalübertragung und -erkennung der Speicher- und Lernprozesse ein harmonisch und auf Miniaturisierung abgerichtetes äußerst komplexes Gebilde. Vergleicht man das biologische System mit technischen Detaillösungen, so zeigt sich, daß ersteres durch eine sehr hohe

**Funktionszuverlässigkeit** und **Systemstabilität** ausgezeichnet ist. Diese Zuverlässigkeit wird in einer Hierarchie gewährleistet, die dem Vorstellungsvermögen kaum noch zugänglich ist und die vom Einzelmolekül bis zum Organ und zum ganzen Organismus konsequent ausgebaut ist [28]. Untersuchungen von Transformationsprozessen haben gezeigt, daß die Entstehung und Regeneration der strukturellen Bestandteile eines Organismus als Prozesse aufgefaßt werden müssen, die auf jeder Stufe dieser Hierarchie die größtmögliche Stabilität unter den jeweiligen Stoffwechselbedingungen sicherstellen.

Im Sinne von Bauelementen technischer Elektroniken können im Nervensystem die **Neuronen** angesehen werden. Ein Neuron ist eine spezialisierte Zelle, die Erregungen bilden, leiten und verarbeiten kann und stellt somit eine morphologische und funktionelle Einheit im Nervensystem vielzelliger Tiere sowie des Menschen dar [95]. Die Neuronen sind untereinander über Fortsätze verbunden. Ein Teil der Neuronen ist außerdem an Informationseingangs- oder -ausgabestellen (Rezeptoren) angeschlossen. Die Neuronen **sammeln** die bei ihnen einlaufenden Impulse von anderen Neuronen oder von Rezeptoren und **integrieren** sie zu einem zelleigenen Erregungsmuster, das sie in Impulsform über einen ihrer Fortsätze, das Axon, **weiterleiten.** Durch Verzweigungen des Axons werden diese Impulse **räumlich verteilt** und schließlich über Kontaktstellen der Verzweigungsenden **(Synapsen)** auf weitere Neuronen oder auf Erfolgsorgane **übertragen.** Die Neuronen der Wirbeltiere und des Menschen bestehen gemäß *Bild 4* aus vier strukturell unterscheidbaren Abschnitten [10]:

1. dem **Perikaryon** oder **Soma** (zentraler Leib),
2. den **Dendriten** (kurze, meist stark verzweigte Fortsätze),
3. dem **Axon** oder **Neuriten** (ein längerer Fortsatz, der

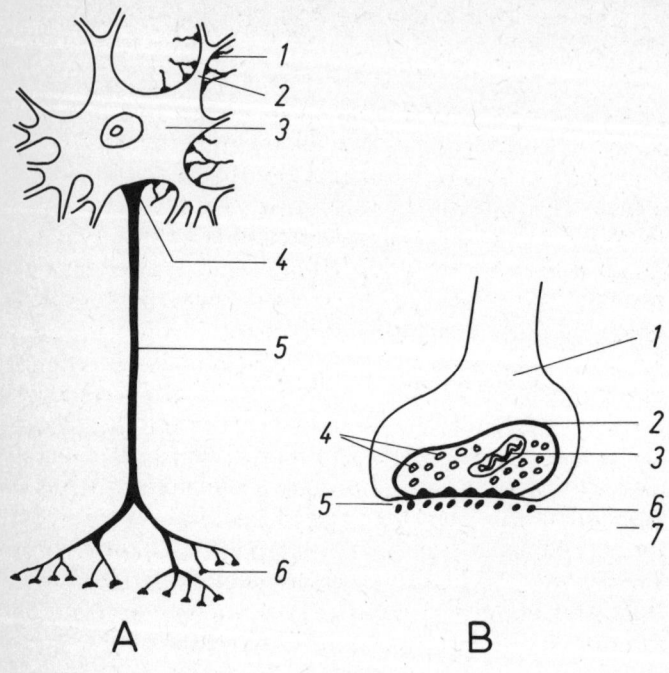

*Bild 4: Neuron*
*Teil A: Strukturelle Gliederung eines Neurons (1 Synapse, 2 Dendrit, 3 Soma, 4 impulsgenerierende Zone, 5 Axon, 6 synaptische Endigung).*

*Teil B: Schematischer Schnitt einer Synapse (1 Axonendigung, präsynaptischer Abschnitt, 2 Schnittrand, 3 Mitochondrium, 4 synaptische Vesikel, 5 synaptischer Spalt, 6 intrasynaptisches Material, 7 subsynaptische Membran des postsynaptischen Abschnittes).*

sich im Gegensatz zu den Dendriten meist erst in größerer Entfernung vom Perikaryon aufzweigt),
4. Endigungen des Axons, die mit anderen Neuronen oder mit Effektorzellen Kontaktstellen **(Synapsen)** bilden.

Die Verzweigungsenden von Axonen, die die funktionelle Verbindung mit anderen Neuronen oder mit Effektorzellen herstellen, verschmelzen niemals mit diesen Zellen, sondern bilden spezifische Kontaktstrukturen, die Synapsen. Die Synapsen *(Bild 4)* bestehen aus einem **präsynaptischen** (lat. prae = vor) Anteil, der von der Axonendigung gebildet wird und einem **postsynaptischen** (lat. post = nach, hinter) Anteil, der die Zelle verkörpert. Unmittelbar dem präsynaptischen Abschnitt gegenüberliegend befindet sich der Membranbezirk der postsynaptischen Zelle, der als postsynaptische Membran bezeichnet wird. Im allgemeinen geschieht die Informationsübertragung (Transmission) durch chemische Synapsen auf chemischem Wege. Besondere Wirkstoffe übernehmen dabei als Überträgersubstanzen oder Transmitter die Funktion eines Boten. Aufgrund der Funktionsweise der chemischen Synapse geschieht die Informationsübertragung nur in einer Richtung, vom prä- zum postsynaptischen Element. Die Potentialänderung an der postsynaptischen Membran als Folge der synaptischen Transmission wird auf eine Zunahme der Ionenpermeabilität (Durchlässigkeit) und eine damit verbundene Änderung des Membranwiderstands zurückgeführt. Von der Permeabilitätszunahme können entweder alle Ionen betroffen sein oder nur die Kalium- und bzw. oder Chlorionen. Im ersten Fall ist die Änderung des Membranpotentials insbesondere durch die Permeabilitätserhöhung der Natriumionen gekennzeichnet, da das $Na^+$-Diffusionspotential im Ruhezustand der Zelle am weitesten von seinem Gleichgewichtspotential entfernt ist. Daraus folgt eine Senkung des Membranpotentials.

Dieser physikalische Vorgang der Depolarisation ist gleichbedeutend mit einer Erregung (Exzitation). Das Ausmaß einer solchen Potentialänderung wird als **exzitatorisches postsynaptisches Potential** (EPSP) bezeichnet. Im zweiten Fall wird durch die einseitige Permeabilitätserhöhung für $K^+$ bzw. $Cl^-$ das Membranpotential weiter in Richtung der Gleichgewichtspotentiale dieser Ionen verschoben, normalerweise mit dem Ergebnis einer Potentialerhöhung. Diese Hyperpolarisation bedeutet Hemmung oder Inhibition; die Potentialänderung nennt man **inhibitorisches postsynaptisches Potential** (IPSP). Ob nun die an der synaptischen Endigung einlaufende Erregung auf der postsynaptischen Seite ein EPSP oder ein IPSP auslöst, hängt von der Art des vom präsynaptischen Glied produzierten Transmitters und von der jeweils spezifischen Reaktionsweise der subsynaptischen Membran ab.

Um in der impulserzeugenden Zone des Neurons einen Impuls abzugeben, bedarf es dabei zumeist mehrerer kurz nacheinander eintreffender Impulse auf der präsynaptischen Seite. Unter **zeitlicher Summation** versteht man die von jedem einzelnen Impuls bewirkte dynamische postsynaptische Potentialveränderung, die durch eine Addition der mit der Zeit abklingenden Spannungswerte vorangegangener Impulsfolgen geschieht. Daneben gibt es eine **räumliche Summation** von exzitatorischen oder inhibitorischen postsynaptischen Potentialveränderungen, die gleichzeitig oder kurz hintereinander an verschiedenen Synapsen der Generatorregion eines Neurons entstehen. Der Prozeß der Integration, d.h. der Verrechnung von Informationszuflüssen zu einem zelleigenen frequenzmodulierten Impulsmuster und dessen räumliche Verteilung an konstante Adressen ist das Prinzip der Informationsverarbeitung durch das einzelne Neuron.

Die **synaptische Verschaltung** von Neuronen untereinander führt zur Bildung neuraler Netzwerke, die zur komplexen Informationsverarbeitung befähigt sind. Die synaptischen Verknüpfungen der Neuronen sind höchst komplex; an ihrer Oberfläche sind häufig Tausende von Synapsen ausgebildet. Auf diese Weise erhält ein einzelnes Neuron von vielen anderen Neuronen oder Rezeptoren Informationen (Konvergenz) und verteilt andererseits die verarbeitete Information über die Verzweigungen seines Axons auf eine Vielzahl nachgeordneter Neuronen (Divergenz). Eine der Grundlagen neuronaler Schaltungen stellt dieses Konvergenz-Divergenz-Prinzip dar.

Die Verschaltung der ca. $10^{10}$ (zehn Milliarden!) Neuronen der Großhirnrinde des Menschen ist so kompliziert, daß bei ihrer Kenntnis mehrere Quadratkilometer $(1\ km^2 = 1$ Million $m^2)$ eng beschriebenen Papiers zur Darstellung des Schaltplanes nötig wären. Der Grad der **Miniaturisierung** wird angezeigt durch die **hohe Bauelementdichte des Gehirns** von $10^7$ Bauelementen/$cm^3$. Dieser Wert liegt somit mehrere Größenordnungen oberhalb der Möglichkeiten der heutigen Festkörperelektronik. Bedenkt man einen noch weitergehenden Miniaturisierungsgrad, nämlich, daß die Bauvorschrift für das menschliche Gehirn sowie die Fülle anderer Informationen zum **Bauplan des Menschen** bereits vollständig in einem **menschlichen Spermium** (0,06 mm) und in einem **menschlichen Ei** (0,2 mm) gespeichert sind, dann wird uns ein neuer Aspekt des Wunders in der Schöpfung Gottes bewußt.

Zur Erweiterung des technischen Ideengutes ist die in biologischen Systemen realisierte **Datenreduzierung** von besonderem Interesse. Sie geschieht auf der Strecke vom Rezeptor (Meßstelle) zum neuralen Nervensystem (»Computer«), also dem Bewußtsein, in verschiedenen

Stufen. Zwischen der Aufnahmekapazität des optischen Kanals von $10^7$ Bit pro Sekunde und dem Bewußtsein von etwa 15 bis 20 Bit pro Sekunde liegt das immense Datenreduktionsverhältnis von 500 000 : 1.

**Hohe Störunterdrückung:** In der Rundfunk- und Fernsehtechnik werden aufwendige Vorkehrungen getroffen, um die unvermeidlichen Störeinflüsse durch Rauschen auf das Nutzsignal gering zu halten. Ein wichtiges Qualitätskennzeichen bei der Informationsübertragung ist der sogenannte Störspannungsabstand oder, wenn die Störung speziell durch Rauschen hervorgerufen wird, der sogenannte Rauschspannungsabstand. Biologische Systeme haben die hochentwickelte Fähigkeit, selbst Nutzsignale geringer Quantität sicher vom Rauschen zu trennen. Eine hohe Empfindlichkeit und Störunterdrückung ist bei nahezu allen Rezeptoren zu beobachten. Dabei ist nicht nur die absolute Empfindlichkeit des Einzelrezeptors entscheidend, sondern seine Schaltung im Rezeptorfeld bietet die Garantie dafür, daß diese hohe Empfindlichkeit auch ausgenutzt werden kann und nicht durch Störungen aufgehoben wird. In diesem Zusammenhang gilt es zu bemerken, daß ein weiteres bedeutsames Problem im biologischen Nachrichtensystem genial gelöst ist: Die biologischen Objekte sind einerseits gegen elektrische und magnetische Felder nicht störanfällig, andererseits gibt es aber Lebewesen, die sich gerade nach dem magnetischen Feld orientieren bzw. solche, deren Ortungssystem das elektrische Feld nutzt.

Versetzen uns schon rein technische Güte- und Merkmalkriterien ins Staunen, so wird uns das Ausmaß des Wunders erst recht bewußt bei der Betrachtung der Fülle aufeinander **abgestimmter Funktionen** und vollbrachter Leistungen des gesamten Nervensystems beim Menschen. Ein anatomischer Überblick mag dazu dienlich sein.

Das gesamte Nervensystem des Menschen umfaßt das **Zentralnervensystem** und das **periphere Nervensystem,** wobei das letztere aus drei Hauptteilen besteht:

**1. Die Hirnnerven:** Die 12 Paare der Hirnnerven führen die Erregungen aus der Peripherie dem Gehirn zu (z.B. Riechnerv, Sehnerv, Hörnerv, Drillingsnerv aus der Gesichtshaut) und dienen ebenfalls der Versorgung der im Bereich des Kopfes liegenden Organe und Muskeln (z.B. mehrere Augenmuskeln, mimische Muskulatur).

**2. Die Spinalnerven oder Rückenmarksnerven** bilden 31 auf jeder Seite des Rückenmarks austretende Nervenpaare. Jeder Spinalnerv enthält einen motorischen, zu den Muskeln führenden und einen sensiblen, die Gefühlreize vermittelnden Anteil. Diese Nerven steuern einerseits die unserem Willen unterstellte Muskulatur und führen andererseits aus der gesamten Haut wie aus den Muskeln und Gelenken kommende Impulse dem Zentralorgan zu.

**3. Das vegetative Nervensystem** oder Eingeweidenervensystem besitzt eine relativ große Selbständigkeit gegenüber dem Zentralnervensystem und wird darum auch als autonomes Nervensystem (dem Willen nicht unterworfen!) bezeichnet. Die beiden Teile Sympathicus und Parasympathicus unterscheiden sich durch eine entgegengesetzte Wirkungsweise. So wird z.B. das Herz in seiner Tätigkeit durch den Sympathicus gefördert, durch den Parasympathicus gehemmt. Dieser letzte Abschnitt des peripheren Nervensystems weist sehr enge anatomische und physiologische Beziehungen zu den endokrinen Drüsen auf. Diese bilden gemeinsam mit dem vegetativen Nervensystem die wesentlichen Regeleinrichtungen des Organismus.

Das Zentralnervensystem besteht aus dem Rückenmark

und dem Gehirn. Das **Rückenmark** ist ein etwa kleinfingerdicker weißer Strang, der im Wirbelkanal verläuft. In einem Querschnitt des Rückenmarks erkennt man die einer Schmetterlingsfigur vergleichbare, zentral gelegene graue Substanz, die von der außen gelegenen weißen Substanz umgeben ist. Die graue Substanz entspricht einer Häufung von Ganglienzellen (Neuronen), während die weiße Substanz von Fasersystemen gebildet wird. Die sogenannten motorischen Nervenzellen stehen in direkter Berührung mit den in die Hinterstränge der weißen Substanz eintretenden sensiblen Nervenfasern, die die an der Körperoberfläche aufgenommenen Reize zum Rückenmark leiten. Die aus der Körperperipherie in das Rückenmark eintretenden sensiblen Nerven, die Umschaltstelle und die austretenden Bewegungsnerven nennt man gemeinsam einen Leitungsbogen. Durch Einfügen weiterer Neuronen und mehrerer Schaltstellen entstehen komplizierter gebaute Leitungsbögen, die eine gleichzeitige Betätigung vieler Muskelgruppen auf einen Reiz hin ermöglichen. Neben diesen als **Eigenapparat** bezeichneten Nervenzellen und Fasersystemen enthält das Rückenmark noch lange auf- und absteigende Bahnen, die die Verbindung mit dem Gehirn bilden. Diese Leitungen ermöglichen erst die bewußten Bewegungen und die Empfindung von Schmerz- und Berührungsreizen. Diese Fasersysteme bezeichnet man auch als Integrationsapparat, weil aus einer Anzahl gemeinsam eintreffender Erregungen gleichsam die Summe gezogen wird. Auf dem Weg des Eigenapparats geschieht auf einen Reiz hin eine Abwehrreaktion. Die Orte, an denen die vielfältigen aus der Außenwelt und von allen Teilen des Körpers stammenden Reize registriert und ausgewertet werden, liegen nicht mehr im Rückenmark, sondern im Gehirn, das die komplizierteste Struktur des gesamten Universums und damit ein einzigartiges Wunderwerk darstellt, das geradezu nach einem gedanklichen Urheber schreit.

Dr. *H. W. Beck* stellt die bezeichnende und richtungs-
weisende Frage [5]:
»Kann angesichts des modernen Faktenwissens über
Welt und Mensch der biblische Schöpfungs- und Ge-
schichtsglaube überboten werden?«

Zur Herkunft der Materie durch das bei der Schöpfung
kraftvoll gesprochene Wort Gottes bemerkt Dr. *E. Hitzbleck* [42]:
»Es war der mit unausdenkbarer Energie geladene Start-
befehl: ›Es werde!‹ Die diesem Befehl innewohnende
Kraft war so gewaltig, daß durch ihn gedankliche, göttli-
che Vorstellungen von Milliarden Himmelskörpern zur
stofflichen Wirklichkeit geworden sind.«

Nun sind insbesondere die Lebewesen nicht nur irgend-
wie vorliegende Materie. In bewußter Breite haben wir
darum das biologische Informationssystem dargestellt, in
dem uns ein hochgradig komplexes, auf Präzision, Miniaturisierung und Funktionssicherheit optimiertes Viel-
komponentensystem begegnet, das in unermeßlicher Fi-
nesse bis in die letzten Details hinein hervorragend
durchkonstruiert ist. Je mehr Einsicht wir in diese Wunderwerke bekommen, um so mehr müssen wir ehrlicherweise zugestehen: Hier liegt uns das Meisterwerk eines
Universalgenies vor, dessen Erfindungshöhe und Ideenreichtum grenzenlos und dessen Naturbeherrschung in
allen nur denkbaren Disziplinen (z.B. Physik, Chemie,
Werkstofftechnik, Informatik, Regelungstechnik) alles
uns überhaupt nur Vorstellbare nicht nur weit überragt,
sondern schier unermeßlich und unauslotbar ist. Die
Herkunft der Vielzahl miteinander zusammenarbeiten-
der und darum genauestens aufeinander abgestimmter
Komponenten alleine im Bereich des biologischen In-
formationssystems kann darum wohl nur ein mit Blindheit Geschlagener (2. Petr. 1, 9) einem ebenso blinden
Zufall zuschreiben. Ist es da nicht einleuchtender, dem

Zeugnis des Johannes-Evangeliums zu vertrauen, in dem JESUS CHRISTUS als der Schöpfer aller Dinge und das personifizierte Wort Gottes vorgestellt wird: »Alle Dinge sind durch dasselbe (Wort) gemacht, und ohne dasselbe ist nichts gemacht, was gemacht ist (Joh. 1, 3)«? Diese Aussage weist uns auf den persönlichen Urheber aller Dinge hin, der die Fülle der uns sichtbaren Gedankenkonzepte durch seine unausforschliche Weisheit und sein machtvolles Wort in Wirklichkeiten umsetzte, die nach heutigem Stand der Forschung noch in weiten Bereichen unverstanden sind.

# 7. Das menschliche Gehirn

Das Gehirn ist das übergeordnete Organ im Nervensystem. Es steuert, überwacht und koordiniert fast alle Abläufe, die im Organismus vor sich gehen. Es sammelt und verwertet Sinneseindrücke, speichert sie (Gedächtnis) und bewirkt ihre sinnvolle Beantwortung. Es besteht anatomisch aus fünf Teilen.

## 7.1. Die physiologische Struktur des Gehirns

**1. Das Großhirn** (Vorderhirn, Prosencephalon) ist der Sitz der psychischen Vorgänge, bewußten Empfindungen, willkürlichen Handlungen des Gedächtnisses und der Intelligenz. Die Großhirnrinde (Cortex) ist der wichtigste Umschalte- und Integrationsort des Körpers. Alle Sinnesleitungen führen schließlich über mannigfache Schaltstellen zu ihr hin, alle zur Muskulatur und den inneren Organen ziehenden Leitungen nehmen von ihr aus ihren Ursprung. In der Hirnrinde liegen die Nervenzellen, die das Denken, das Bewußtsein und die Erinnerung ermöglichen. Einzelne Rindenfelder dienen dabei verschiedenen Aufgaben. So gibt es das motorische Zentrum, das Zentrum für das Körpergefühl, die Zentren für Sinneswahrnehmungen und die Sprache, die genau lokalisiert werden können. Schöpferische Leistungen sind das Ergebnis der Tätigkeit der gesamten Großhirnrinde und nicht an abgegrenzte Gebiete gebunden. Das Ausmaß der manuellen Geschicklichkeit und die Händigkeit wird bei Rechtshändigkeit gewöhnlich von der linken Gehirnhälfte gesteuert. Die Großhirnrinde mit all ihren Furchen und Windungen umfaßt eine Oberfläche von 2200 cm² und enthält etwa 10 Milliarden Nervenzellen, die durch fein verästelte Fasern nach Art eines ungeheuer komplizierten Telefonnetzes miteinander verbunden sind. Nach Berechnungen ergeben allein die Assoziationsfasern (Verknüpfungsfasern), die die einzelnen Hirnteile miteinander verbinden, die kaum vorstellbare Gesamtlänge von etwa 480000 km. Das sind noch 100000 km mehr als die Entfernung Erde-Mond.

**2. Das Zwischenhirn** (Diencephalon) ist in erster Linie zentrale Befehlsstelle für das vegetative Nervensystem wie Atmung, Schlaf, Wärme- und Wasserhaushalt des Organismus, Zucker-, Fett- und Salzstoffwechsel. Das Zwischenhirn steht in enger funktioneller Verbindung zum Großhirn und vermittelt den Einfluß seelischer Vorgänge auf die dem Willen nicht unterliegenden körperlichen Erscheinungen: Erschrecken führt zu Herzbeschleunigung, Angst und Aufregung bewirken Veränderungen der Darmtätigkeit und Hautdurchblutung. Das bedeutendste Kerngebiet des Zwischengehirns ist der Thalamus, ein hügelartiges Nervengebilde, in dem die zum Gehirn aufsteigenden Empfindungsnerven noch einmal umgeschaltet werden und bedeutsam sind für die mimischen Ausdrucksbewegungen Lachen und Weinen und für Schmerz- und Affekterlebnisse.

**3. Das Mittelhirn** (Mesencephalon) ist hauptsächlich Schaltstelle zwischen Gehirnteilen und Umschaltstelle für die Verknüpfung zwischen Sinnesorganen und der Muskulatur. Insbesondere befinden sich hier die Zentren für die Steuerung der Augenmuskelbewegungen und für Pupillenreflex, d.h. die automatische Erweiterung der Pupille bei Dunkelheit und ihre Verengung bei Lichteinfall. Bestimmte Reflexe, die dem geordneten Ablauf der Körperbewegungen dienen, werden von hier aus vermittelt. Reflexe sind solche Körpervorgänge, die ohne unseren Willen und unabhängig von unserem Bewußtsein als Antwort auf äußere Reize erfolgen. Am Übergang des

Zwischenhirns zum tiefer gelegenen Mittelhirn liegt das Schlafzentrum, das den Wechsel von Schlaf- und Wachzustand regelt.

**4. Das Kleinhirn** (Hinterhirn, Mentencephalon) ist das Zentrum für Bewegung und Lage im Raum, hier sammeln sich Meldungen von Muskeln, Sehnen, Gelenken und Gleichgewichtsorganen. Es dient zur Kombination, Genauigkeit, Stetigkeit und Symmetrie der Muskeltätigkeit beim Gehen, Stehen und bei gezielten Bewegungen.

**5. Das Nachhirn** (verlängertes Mark, Myelencephalon) verbindet das Gehirn mit dem eigentlichen Rückenmark. Hier entspringen 7 der 12 Gehirnnervenpaare und liegen die Zentren für Kauen, Schlucken, Schweiß- und Tränenabsonderung, Atmung und Gefäßinnervation. Das Nachhirn ist außerdem die Schaltstelle für eine Anzahl wichtiger Schutzreflexe wie Husten, Nies-, Lidschluß-, Saug-, Speichel- und Magensaftreflex.

## 7.2. Das Gehirn als Netzwerk

Das **Gehirngewicht** beträgt beim Menschen 1300 bis 1800 g und macht damit etwa 2 Prozent des Körpergewichts aus. Beim Elefanten sind es 0,2 Prozent und beim Wal 0,007 Prozent. Bei einigen wirbellosen Tieren ist das Gehirn schon sehr kompliziert, vor allen Dingen bei den Tintenfischen und den sozialen Insekten. Während das Hirngewicht beim **Maikäfer** nur 0,03 Prozent beträgt, erreicht es bei der **Arbeitsbiene** 0,15 Prozent und bei der **Ameise** 0,2 Prozent des Körpergewichtes. Es kommt aber nicht allein auf das relative Gewicht an, wie man aus einem Vergleich zwischen Menschen (2 Prozent) und bei einigen Kleinaffen (über 6 Prozent) sofort erkennt. Die Komplexität der Verschaltungen des Netzwerkes ist insofern ausdrucksvoller. Im Gehirn der Honigbiene befinden sich etwa $10^5$ Neuronen, die mit 10–100 Synapsen je Neuron verschaltet sind. Beim Menschen hingegen enthält die Großhirnrinde ca. 10 Milliarden Neuronen mit hunderten und tausenden synaptischer Kontakte je Neuron. Das Kleinhirn des Menschen enthält sogar mehr als 100 Milliarden Neuronen.

Nach **informationstheoretischen Aspekten** [76] betrachtet, verfügt das Gehirn über eine Speicherkapazität von mindestens $10^{12}$ Bit, wobei die Neuronen die Funktion der Speicherelemente übernehmen. Ein Neuron besteht aus einem Körper, von dem Fasern (Synapsen) ausgehen, die ein Verbindungselement zu den Körpern anderer Neuronen tragen. Die Neuronen sind untereinander zu einem sehr komplizierten Netzwerk verknüpft. Eine der wichtigsten Fragen der Neurologie ist die, **wie** das Gehirn arbeitet. Obwohl mancherlei Einsichten vorliegen, sind dennoch die meisten Vorgänge, insbesondere hinsichtlich des Zusammenwirkens, weitgehend unbekannt. Auch für das Prinzip der Speicherung gibt es nur modellhafte Vorstellungen. Bekannt ist, daß jedes Neuron nur zwei Zustände annehmen kann: Es ist entweder »aktiv« oder »passiv«. Es ist demzufolge anzunehmen, daß Nervennetze auf dualer Grundlage arbeiten. Der Speichervorgang des Gedächtnisses erklärt sich durch die Tätigkeit der Synapsen. Die Speicherung besteht darin, daß **ein** Schaltweg bevorzugt wird. In der Informationstheorie kennt man diese Möglichkeit der Erzielung einer hohen Speicherkapazität durch Serienschaltung von Binärelementen in Form von Relaiskontakten oder Dioden. Jeder Kontakt kann nur ein Bit speichern. Beim Nervensystem als neurales Schaltnetz muß 1 Neuron aber mehr als 1 Bit speichern können, da im menschlichen Gedächtnis mindestens 100 mal mehr Bit gespeichert sind als Neuronen vorhanden sind. Damit ist das von *McCul-*

*loch* und *Pitts* beschriebene Modell in Analogie zu einem bistabilen Multivibrator nicht der Realität entsprechend. Ein Neuron ist daher wohl eher einem elektronischen Gatter (Torschaltung) vergleichbar, das viele Eingangsleitungen und eine Ausgangsleitung besitzt. Bezeichnet man die Eingangssignale mit $x_1, x_2, x_3, \ldots, x_n$ und die zugehörigen synaptischen Werte mit $s_1, s_2, s_3, \ldots, s_n$, dann gäbe es bei n Eingangsleitungen $2^n$ Speicherzustände. Ein Neuron wird offenbar aktiv, wenn die Summe aus dem Produkt der digitalen Eingangssignale $x_i$ und den zugehörigen synaptischen Werten $s_i$ den Schwellwert T der Zelle überschreitet. Das Neuron »zündet« also erst dann, wenn gilt:

$$\sum_{i=1}^{n} x_i \, s_i \geq T.$$

Der **Informationsgehalt** und Dauerspeichereffekt einer Zelle werden von der Einstellsicherheit der unterscheidbaren synaptischen Werte begrenzt. Bei nur 20 Eingangsleitungen und 32 verschiedenen synaptischen Werten käme man damit schon auf

$$20 \cdot {}^2\!\log 32 = 100 \text{ Bit/Neuron.}$$

Bei den vorhandenen etwa $10^{10}$ Neuronen würde damit eine Mindestspeicherkapazität von $10^{12}$ Bit zu erklären sein.

Das menschliche Gehirn ist immer wieder mit einem **Computer** verglichen worden. Bei einem flüchtigen Blick mag man eine gewisse Verwandtschaft erahnen, die Wirklichkeit weist das Gehirn jedoch als ein ungleich komplizierteres und als ein weit vielseitigeres Gebilde aus. So schreibt der Neurologe Prof. *E. Bay* [4]:

»Die neurophysiologischen Vorgänge im Gehirn – insbesondere an den einzelnen Ganglienzellen – ähneln in verschiedener Hinsicht der Aktionsweise eines Computers.

Aber: Wenn das Gehirn wirklich **nur** ein Computer ist, dann ist es allen derzeit existierenden technischen Geräten um so viele Größenordnungen überlegen, daß man zwar von vornherein mit neuen Systemeigenschaften rechnen muß, aber von hier nach da nicht mehr sinnvoll extrapolieren kann. Dies mag manchen überraschen, da man doch immer wieder hört, wie weit die modernen Computer dem menschlichen Gehirn überlegen seien. Nun – diese Überlegenheit ist **eng** begrenzt: sie können – überspitzt ausgedrückt – schneller rechnen und große Mengen von Tatbeständen sortieren, **soweit diese in Zahlen ausdrückbar sind.** Sonst sind sie dem Gehirn in jeder Hinsicht weit unterlegen. Schon bei der ›bescheidenen‹ Leistung, die jedes nicht allzu schwer in seiner Entwicklung geschädigte menschliche Gehirn im zweiten und dritten Lebensjahr vollbringt, nämlich dem Erwerb der **Sprache,** versagen die Computer kläglich. Selbst der vergleichsweise einfache Versuch, einen Übersetzungsautomaten aus einer Sprache in eine andere zu entwikkeln, der besonders von den Amerikanern mit großen Hoffnungen, vielen Mühen und viel Geld unternommen wurde, erwies sich als undurchführbar und ist inzwischen aufgegeben.«

## 7.3. Fähigkeiten des Gehirns

Das **Denken** ist eine besondere Fähigkeit, die in dieser ausgeprägten Form nur dem Menschen gegeben ist. Die Psychologie versteht hierunter die gesamte Verstandestätigkeit (zusammen mit Wahrnehmung, Vorstellen und Gedächtnis) und rechnet sie zu den kognitiven (die Erkenntnis betreffend) Funktionen. Man unterscheidet folgende Arten des Denkens:
– anschauliches und abstraktes,

- analytisches (zergliederndes) und synthetisches,
- diskursives (begriffliches) und intuitives,
- produktives und reproduktives.

Alle diese Formen werden mit noch anderen Leistungen in der komplexen Fähigkeit der **Intelligenz** zusammengefaßt. Denken setzt weder einen hohen Grad an Bewußtsein voraus, noch ist es mit Sprache identisch. Das Denkvermögen ist anatomisch in der Hirnrinde lokalisiert. Intelligenz ist ein schwer definierbarer Begriff. Neben der **Intelligenzhöhe** lassen sich die **Intelligenzrichtung** (praktisch, theoretisch, ästhetisch-künstlerisch) und der **Intelligenztyp** (s. o. Denkarten) unterscheiden. Wichtige Einzelfähigkeiten der Intelligenz sind:
- Abstraktionsfähigkeit,
- Kombinationsfähigkeit,
- intellektuelle Beweglichkeit,
- schlußfolgerndes Denken,
- Auffassungsgenauigkeit und -geschwindigkeit,
- Gedächtnis,
- Sprachbeherrschung,
- Raumvorstellung,
- rechnerisches Denken,
- Phantasie.

Auch im Zusammenhang mit Computern wird von (maschineller) Intelligenz gesprochen. Es gibt heute kaum noch Wissenschaftszweige und Bereiche der Wirtschaft, deren Arbeitsweisen und Fortschritt nicht entscheidend durch die elektronische Datenverarbeitung (EDV) beeinflußt wird. So schreibt *H. W. Beck* [7]: »Der Computer ist das Ferment aller Entwicklung und Wandlung.« Bei allen imponierenden Ergebnissen der Hardware (gerätetechnische Ausführung) und Software (Programme) von modernen Computern sind dennoch neben einigen o. g. die folgenden markanten Einzelfähigkeiten des Gehirns noch weit außerhalb der Reichweite dieser modernen Automaten:

1. Die Fähigkeit zur **Einsicht.**
2. Die Fähigkeit, **Muster zu erkennen und zu schaffen:**
   Man denke allein an den maschinellen Aufwand einer Briefsortiermaschine, die nach Postleitzahlen sortiert. Während der Mensch mühelos mit unterschiedlicher Größe und Handschrift geschriebene sowie an verschiedener Stelle plazierte Postleitzahlen erkennt, kann die Maschine dies nur unter Einhaltung einschränkender Randbedingungen (z.B. Spezialschrift).
3. Die Fähigkeit zu **unterscheiden** und zu **trennen:**
   Wir können uns auf wichtige Dinge konzentrieren und unwichtige vernachlässigen. Die Konzentration auf eine Einzelheit ist eine Meisterleistung des Gehirns. In engem Zusammenhang mit dieser Eigenschaft steht das sogenannte Kurzzeit- und Langzeitgedächtnis. Das Gehirn vermag zu unterscheiden, welche Information nur kurzzeitig zu speichern ist und welche wegen ihrer Bedeutung »lange« zu speichern ist. Der Zweck dieser Zweiteilung ist einsichtig: Die meisten Informationen, die wir über die Sinnesorgane aufnehmen, sind wertlos und brauchen unser Gedächtnis nicht auf Dauer zu belasten oder sie sind nur für den Moment wichtig. Andere werden hingegen häufig oder gar ein Leben lang benötigt.
4. **Anpassungsfähigkeit:** Das Gehirn ist in der Lage, sich durch strukturelle Anpassungen auf Leistungsanforderungen einzustellen. Es entstehen zwar keine neuen Nervenzellen im Hirn eines Lernenden – die Replikation der Neuronen hört schon früh auf –, und doch gibt es ein gewisses Wachstum der Hirnrinde bei Anforderungen. Das Netzwerk der ca. 10 Milliarden Neuronen mit den $10^{14}$ synaptischen Verbindungen ist genetisch determiniert. Die Erbinformation ist allerdings nicht diktatorisch starr, sondern die vom Chromosom ausgehenden Befehle können moduliert und an äußere Einflüsse adaptiert werden.

5. **Funktionskompensation:** Das Gehirn ist so beschaffen, daß alle Leistungsreserven eingesetzt werden können, um selbst schwerwiegende Funktionsausfälle bestmöglich auszugleichen. So wird bei erlöschendem Gesichtssinn zusätzlich der Tastsinn, das Gehör und die Wahrnehmung von Temperaturdifferenzen stimuliert (angeregt). Das Gehirn greift dann auf einen breiten Fächer von Alternativen des Handelns zurück. Unser »Computer« vermag, was kein maschineller vermag: Er kann sich selbst regenerieren oder eine ausgefallene Funktion durch eine Ersatzfunktion ausgleichen. Das Gehirn benötigt im Gegensatz zu Computern keinen Wartungstechniker, es »funktioniert« auch noch bei Ausfall einzelner »Bauelemente«.

*K.A. Koler* und *M. Eden* stellten fest [58]: **»Das Gehirn ist kein Computer,** und es arbeitet auch nicht nach Computerart. Zellen sind keine ... Transistoren oder gar integrierte Schaltkreise«. Die Funktionsweisen von Computer und Gehirn sind kaum vergleichbar. Der Computer basiert auf Zahlenverknüpfung, das Gehirn bedient sich vorwiegend der Fähigkeiten wie Mustererkennung und Schlußfolgerung, um zu Antworten zu gelangen.

Bei der Betrachtung aller bisher genannten wichtigen Funktionen, die unser Gehirn zu erfüllen vermag, nämlich als Schalt- und Befehlswerk zahlreicher Regelkreise des Organismus wie auch der Möglichkeit des Verstandes, mancherlei komplizierte und wohl maschinell unnachahmliche Denkprozesse durchzuführen, können wir nur staunend vor dem Schöpfer stehen, der dieses alles ersann. Wir wollen es hier offen lassen, wieviel der realisierten Gedanken Gottes der Mensch durch Einsicht von Teilaspekten der Gehirnkonstruktion in kybernetischen Maschinen und lernenden Automaten jemals umzusetzen vermag. Alle technischen Beschreibungsversuche und Modellvorstellungen [8] über das Gehirn können nicht die ganze Wirklichkeit erfassen. **Eine** Grenze der Nachahmung ist aber mit Sicherheit markiert, nämlich jene, die dem Menschen über das körperlich-materielle hinaus gegeben ist: die Seele und der Geist.

Die primitive materialistische Vorstellung z. B. eines *Virchow,* der sagte, der Mensch habe keine Seele, weil er bei zahlreichen Sezierungen keine Seele fand, ist ebenso falsch, wie die Annahme heutiger Zeitgenossen, die aus der Tatsache der chirurgischen Herztransplantation folgern, der Mensch habe kein Herz gemäß der biblischen Aussage »euer Herz soll sich freuen (Joh. 16, 22).« Natürlich ist mit solcherlei Bildworten der Bibel das Herz als Körperorgan nicht zum Sitz der Freude erklärt; dennoch liegt es auf der Hand, daß der Mensch die Gabe der Freude besitzt. Diese wie auch andere Empfindungen des Gefühlssystems – Liebe, Freundlichkeit, Zufriedenheit, Glück, Haß, Ärger, Furcht und Sorge – sind **nicht durch Neuronenschaltungen erklärbar,** wohl aber stehen sie in enger Verknüpfung mit dem Gehirn, das mindestens zu der nötigen Informationseingabe und -verarbeitung erforderlich ist.

### 7.4. Herkunft des Gehirns

Die physiologische Struktur der Gehirnteile mit ihren festgelegten Zuständigkeiten wie z. B. zentrale Befehlsstelle für das vegetative Nervensystem, Schaltstelle zwischen Sinnesorganen und Muskulatur sowie für die Schutzreflexe, Steuerung der Bewegungsabläufe und die Fülle der Funktionen des Großhirns macht deutlich, daß dem allen ein umfassender und bis ins letzte ausgeklügelter Generalplan zugrunde liegen muß. Jede evolutionistisch angenommene Organentstehung oder -verände-

100

rung sowie der Erwerb neuer Bewegungsarten (z. B. evolutionistische Übergänge vom Schwimmen zum Fliegen und Laufen) erfordern **gleichzeitig** eine veränderte Gehirnstruktur bzw. völlig neue Teilschaltungen mit allen zugehörigen Nervensträngen. Hier wird dem angenommenen Mutations-Selektionsprinzip Unmögliches abverlangt.

Der Freiburger Zoologe *G. Osche* hat auf dieses Dilemma hingewiesen, wenn er bemerkt, daß es während der Evolution nirgends das Schild »Wegen Umbaus vorübergehend geschlossen« gegeben haben könne.

Niemand glaubt, selbst wenn er eine einfache elektronische Schaltung vor sich hat, diese sei auf zufällige Weise durch »Selbstorganisation der Materie« entstanden. Immer steht am Anfang die Idee eines Ingenieurs, der entsprechend der gewünschten Funktionsweise sein Konzept als Schaltplan entwirft und dann planvoll in eine Fertigung gibt. Je komplexer und je stärker miniaturisiert ein technisches Gerät ist, um so größer ist notwendigerweise der Einsatz an Intelligenz und Erfindergeist, aber auch an Beherrschung von Fertigungstechniken. Wir haben das menschliche Gehirn unter verschiedenen Aspekten (z. B. Leistungsfähigkeit, Komplexität, Miniaturisierung) betrachtet und dabei festgestellt, daß uns hier ein Meisterwerk ganz besonderer Art begegnet, das bei einem Vergleich mit modernen Computeranlagen diese nach vielerlei Kriterien bei weitem übertrifft. Die hochgradig komplexe Technologie des Gehirns verlangt in zwingender Notwendigkeit den Schluß, daß hier ein genialer und weiser Konstrukteur am Werke war.

Bei dem Schöpfer haben wir es nicht nur mit einem Gott zu tun, dessen Schöpfungswerke alleine auf seine Existenz hinweisen, sondern außerdem einleuchtend und unaufdringlich seine erhabene Genialität, Weisheit und Natur-

101

beherrschung bezeugen. Dieses Zeugnis ist für jedermann wahrnehmbar, so daß niemand dermaleinst vor diesem Gott eine Entschuldigung für seine atheistische Einstellung vorbringen kann. Darüber hinaus hat der Schöpfer sich in der biblischen Botschaft als ein Gott der Liebe und des Erbarmens bezeugt, der in JESUS zu uns kam, um uns vor der ewigen Verlorenheit zu retten.

## 7.5. Gehirn und Wahrheitserkenntnis

Wir haben das menschliche Gehirn als ein Gebilde kennengelernt, dessen besondere Stärke im Bereich der Informationsverarbeitung liegt.

Bei der kybernetischen Untersuchung des Begriffes Information unterscheidet man drei Dimensionen:
1. Syntaktische bzw. technische Dimension: Wie genau können Zeichen übertragen werden?
2. Semantische Dimension: Wie genau übermitteln die gesendeten Zeichen die gewünschte Bedeutung?
3. Pragmatische Dimension: Wie wirksam beeinflußt die empfangene Bedeutung das Verhalten des Empfängers?

Bei der pragmatischen Dimension unterscheidet der Kybernetiker *H.-J. Flechtner* [27] wiederum drei Ebenen hinsichtlich des Sinnes eines Satzes oder einer Mitteilung:
– Die **grammatische** Korrektheit. Ein grammatisch korrekter Satz kann semantisch völlig sinnlos sein, z.B. »Die grüne Freiheit verfolgt das denkende Haus«.
– Die **logische** Richtigkeit. Ein logischer Satz muß nicht wahr sein, z.B. »Hamburg liegt an der Weser«.
– Die **Wahrheit** der Aussage.

102

Bei der Wahrheitsaussage ist es wesentlich, drei Bereiche zu unterscheiden:

a) Die **alltägliche** Wahrheit (z.B. »In Hamburg regnet es«).
b) Die **naturwissenschaftliche** Wahrheit (z.B. »Eisen ist ferromagnetisch«).
c) Die **geistliche** Wahrheit (z.B. »JESUS ist der Sohn Gottes«).

Das menschliche Gehirn ist von seiner unübertroffenen Beschaffenheit her so angelegt und konzipiert, daß es befähigt ist, all die o.g. unterschiedlichen Teilaspekte wirkungsvoll zu behandeln. Im folgenden wollen wir uns auf die **geistliche Wahrheit** konzentrieren, da sie – wie noch dargelegt wird – für jeden Menschen von existentieller Bedeutung ist.

Der Denkrahmen der Evolutionisten zu diesem Fragenkomplex sei hier in der Kürze zweier Zitate angegeben. So lehrt der bekannteste nordamerikanische Zoologe *Simpson:*
»Der Mensch ist das Ergebnis eines materialistischen Prozesses ohne Zweckbestimmung und Absicht, er stellt die höchste zufällige Organisationsform von Materie und Energie dar.«

Ein ebenso in Verzweiflung und Sinnlosigkeit einmündendes Glaubensbekenntnis gibt *Monod:*
»Wenn er diese Botschaft in ihrer vollen Bedeutung aufnimmt, dann muß der Mensch endlich aus seinem tausendjährigen Traum erwachen und seine totale Verlassenheit, seine radikale Fremdheit erkennen. Er weiß nun, daß er seinen Platz wie ein Zigeuner am Rande des Universums hat, das für seine Musik taub ist und gleichgültig gegen seine Hoffnungen, Leiden oder Verbrechen.«

Der auf die Evolution gegründete Glaube ist eine nihilistische Bankrotterklärung für den nach Sinn und Wahrheit fragenden Menschen. Da die Wahrheit etwas Absolutes ist, können wir hier mit unseren selbstgemachten Relativismen nicht bis zum Kernpunkt hin vorstoßen. Wir benötigen also eine Orientierung von einem festen und unveränderlichen Standpunkt aus. Darum gehen wir auf den nicht von Menschen gelegten Grund ein, der durch den Schöpfer selbst gegeben ist. Wir bekennen, daß auch dies ein entschiedener und gewählter Glaubensstandort ist. Es ist einleuchtend, daß dann ein anderer Grund nicht mehr gelegt werden kann, außer dem, der von Gott gelegt ist und auf den wir uns in freier Entscheidung stellen. In JESUS finden wir die Wirklichkeit des lebendigen Gottes als unwandelbaren Grund. Im Gegensatz zur Philosophie ist diese Wahrheit darum nicht mehr diskutierbar. Die Pilatusfrage (Joh. 18, 36) »Was ist Wahrheit?« wird in ihrer tiefen Unwahrhaftigkeit sofort als Flucht vor **der** Wahrheit entlarvt, die in der Person JESU CHRISTI leibhaftig vor dem Landpfleger steht. Diese Wahrheit sprengt den Rahmen einer Wahrheitslehre wie sie in den Wissenschaften rein erkenntnismäßig oder nach den Prinzipien der Logik abgehandelt wird. Die biblische Wahrheit wird durch JESUS erfahren, offenbart, erlebt und getan. JESUS ist nicht darum die Wahrheit, weil seine Lehren Wahrheit sind, sondern seine Lehren sind wahr, weil sie die Wahrheit, die er selbst ist, zum Ausdruck bringen. Nach diesen Bemerkungen wollen wir drei existentiell bedeutende Aussagen behandeln.

### 7.5.1. *Der Mensch besitzt die Fähigkeit zur Erkenntnis der Wahrheit*

Der Mensch ist von Gott so konzipiert, daß er zur **Erkenntnis der Wahrheit** befähigt ist – und zwar zu der bedeutendsten und wichtigsten Wahrheit für den Menschen überhaupt: der **Erkenntnis Gottes** und der »**Liebe CHRISTI,** die doch alle Erkenntnis übertrifft (Eph. 3, 19).« Es ist der erklärte Wille Gottes, daß in dieser Weise »allen Menschen geholfen werde und sie zur Erkenntnis der Wahrheit kommen (1. Tim 2, 4).« Schon im Alten Testament macht Gott wiederholt das Angebot, ihn zu erkennen wie z.B. »Erkennet, daß der Herr Gott ist! (Ps. 100, 3)« und »Seid stille und erkennet, daß ich Gott bin (Ps. 46, 11).« Gott würde diese Aufforderung nicht geben, wenn es nicht möglich wäre, sie auch auszuführen. Prof. *Wilder-Smith* hat das einmal so ausgedrückt [100]: »Nachdem Gott uns mit dem komplexesten Denkapparat ausgestattet hat, den die Welt kennt, erwartet er von uns, daß wir ihn dazu verwenden, das große Geheimnis allen Lebens und Seins, nämlich ihn kennenzulernen und zu lieben.«

Es wird erkennbar, daß hier die eigene Bereitschaft des Menschen angesprochen ist. Fehlt diese, so wird der Erkenntnisprozeß auch nicht eingeleitet.


## 7.5.2. *Nicht alle Menschen erkennen die Wahrheit*

Die Erfahrung lehrt, daß viele Menschen Gott nicht erkennen. Woran liegt das? Die Bibel sagt, daß Gott unseren Verstand »öffnen« kann, wenn wir selbst dazu willens sind (Luk. 24, 45). Andererseits gilt aber auch: So wie man die Eingabeelektronik eines Computers durch einen Hammerschlag zerstören kann, können wir von Gott nichts erkennen, wenn derjenige Teil unseres Erkenntnisapparates, mit dem wir zu dieser Erkenntnis gelangen können, defekt ist. Dieser Defekt wird in Eph. 4, 18–19 beschrieben:

»Da sie in ihrem **Denken** verfinstert sind, ferngehalten vom Leben aus Gott wegen der Unwissenheit, die in ihnen ist, wegen der Verstockung ihres Herzens; und sie haben alles Schamgefühl verloren und sich der Ausschweifung ergeben zur Verübung jeglicher Unkeuschheit aus Gewinnsucht (Zürcher Übersetzung).«

Die unübersehbare Flut von Illustrierten, Magazinen und Filmen sowie Darstellungen in anderen Massenmedien, die aus Gewinnsucht produziert werden, beeinflussen unser Volk zum Abbau des Schamgefühls und keuschen Verhaltens. Diese Vergiftung reicht bis in die Schulen hinein. Das alles ist nicht harmlos, sondern trägt zur Zerstörung des Verstandes in dem o. g. Sinne bei. Wenn auch aus völlig anderer Sicht, so beschreibt der Verfasser des Buches »Versuch und Irrtum«, Dr. *T. Löbsack,* den Defekt [63]:

»Scheitert das höchstentwickelte Lebewesen auf der Erde ausgerechnet an jenem Organ, dem es seine herausragende Stellung verdankt? Scheitert der Mensch an seinem Gehirn? ... Nicht Umweltkrise, nicht Bevölkerungsexplosion sollten wir beklagen, sondern unser Großhirn ... Die Frage stellt sich, welche Möglichkeiten das Großhirn überhaupt noch hat, die verfahrene Gesamtentwicklung in den Griff zu bekommen. Und da ist Pessimismus am Platz.«

Pessimismus ist nicht vonnöten, wohl aber, daß wir uns dem Worte Gottes beugen, ihm gehorsam sind und uns dadurch leiten lassen. »Oder wollen wir Gott trotzen? Sind wir denn stärker als er (1. Kor. 10, 22)?«

### 7.5.3. Der Weg zur Erkenntnis der Wahrheit kann von jedem beschritten werden

Die gern angenommene, karnevalistisch vertonte Allversöhnung »Wir kommen alle, alle in den Himmel« erweist sich im Lichte biblischer Botschaft als krasse Lüge: »Wer an den Sohn glaubt, der hat das ewige Leben. Wer dem Sohn nicht glaubt, der wird das Leben nicht sehen, sondern der Zorn Gottes bleibt über ihm (Joh. 3, 36).« Himmel und Hölle entscheiden sich einzig an der Person der Wahrheit, nämlich an JESUS CHRISTUS.

Nach den zentralsten Aussagen der Bibel hat Gott **seinerseits** in unergründlicher Liebe alles zum Heil des Menschen Notwendige am Kreuz von Golgatha getan. Ebenso zentral sagt die Bibel, daß **unsererseits** der ewige Verbleib an die persönliche Glaubensentscheidung für JESUS CHRISTUS gekoppelt ist. Durch diese im jetzigen Leben zu treffende Grundsatzentscheidung ist jedem ein Maßstab zur Prüfung der eigenen Situation gegeben. Wenn also die Gewißheit der Gotteskindschaft nicht so vorhanden ist wie sie uns in Röm. 8, 38–39 bezeugt ist: »Denn ich bin **gewiß,** daß weder Tod noch Leben, weder Engel noch Fürstentümer noch Gewalten, weder Gegenwärtiges noch Zukünftiges, weder Hohes noch Tiefes, noch keine andere Kreatur kann uns scheiden von der Liebe Gottes, die in CHRISTUS JESUS ist, unserem Herrn«, dann gibt es den wunderbaren **Weg der Errettung** und Befreiung, der jedem aufrecht Suchenden verheißen ist. Niemand braucht im Pessimismus zu bleiben. In der Kürze von drei Zitaten wird dies bereits deutlich:
– Wer zu mir (JESUS CHRISTUS) kommt, den werde ich nicht hinausstoßen (Joh. 6, 37).
– Wenn wir aber unsere Sünden bekennen, so ist er treu und gerecht, daß er uns die Sünden vergibt und reinigt uns von aller Untugend (1. Joh. 1, 9).
– Wie viele ihn (JESUS CHRISTUS) aufnahmen, denen gab er Macht, Gottes Kinder zu werden, die an seinen Namen glauben (Joh. 1, 12).

Nur der Mensch – kein Tier und kein Computer – besitzt die Fähigkeit, durch **Gebet** in Kontakt mit Gott zu treten.

Wer so – im Sinne obiger Bibelworte – zu JESUS CHRI-STUS kommt, dessen »Defekt« im Denken und Verstand wird von dem Schöpfer selbst repariert. Wem es so geschieht, der ist plötzlich reich geworden, denn in CHRISTUS sind ihm alle verborgenen **Schätze der Weisheit und Erkenntnis** (Kol. 2, 3) geschenkt. Mit solchem Denksinn ausgestattet, hat der mit Gehirn und Geist ausgerüstete Mensch seine Zielbestimmung erreicht: Er hat ewige Heimat und hat durch JESUS CHRISTUS Gott zum Vater.

# 8. Bestäubung von Blütenpflanzen

Ein hoher Prozentsatz der Blütenpflanzen ist in dem lebensentscheidenden Geschehen der Bestäubung auf stark spezialisierte Insekten und Vögel angewiesen. Zwischen Tier und Pflanze bestehen hier so intime und mannigfaltige Wechselbeziehungen, daß der aufmerksame Beobachter über die Wunder nur staunen kann. Die Fülle der Gedankenkonzepte, die hier in Formen, Farben und Verhaltensweisen verwirklicht wurden, zeigen etwas von dem, wovon der Psalmist sagt: »Herr, mein Gott, groß sind deine Wunder und deine Gedanken (Ps. 40, 6).«

Die Bestäubung der Blütenpflanzen ist eine Voraussetzung für die Befruchtung, bei der die männlichen Geschlechtszellen die Eizellen erreichen müssen. Der räumliche Abstand zwischen den die Eizellen bergenden Organen der einen Pflanze und den den Blütenstaub erzeugenden Organen der anderen Pflanze muß durch einen Transporteur des Blütenstaubs überbrückt werden. Dies geschieht auf dreierlei Arten: bewegte Luft (Windblütler), bewegtes Wasser (Wasserblütler) und flugbegabte Tiere (tierblütige Pflanzen). Die tierblütigen Pflanzen zeichnen sich u. a. durch größere, auffälligere und farblich ausgezeichnete Blüten aus. Eine große Fülle harmonisch abgestimmter Wechselbeziehungen begegnet uns hier [87]:

– Die Flügler (d. h. Insekten, Vögel, Fledermäuse) besuchen die Blumen nicht aus Gründen der Neugierde, sondern sind auf **Nahrungssuche.** Die Größe des Nektarangebotes ist abgerichtet nach Größe und Art der Bestäuber. So bieten Vogelblumen viel reichlicher Nektar als die Insektenblumen.
– Die **Farben der Blüten** sind auf die Leistungsfähigkeit der Augen ihrer Bestäuber genau abgestimmt; oft un-

abhängig davon wie der Mensch die Farben sieht. Die roten Blüten des Klatschmohns erscheinen den Bienen nicht rot, sondern ultraviolett – eine Farbe, die das menschliche Auge gar nicht wahrnehmen kann. Andererseits sind wegen der Rottüchtigkeit blumenbesuchender Vögel (amerikanische Kolibris, afrikanische Nektarvögel) zahlreiche Arten tropischer Vogelblumen rein scharlachrot oder leuchtend gelbrot gefärbt.

– Ebenso besteht eine enge Wechselbeziehung zwischen dem **Geruchssinn der Bestäuber** und dem Blumenduft, durch den sie angelockt werden. Da andererseits Blumenvögel schlechte Riecher sind, zeichnen sich die von ihnen besuchten Blumen durch Geruchlosigkeit aus. Von Aasinsekten bestäubte Blumen verbreiten einen penetranten Geruch nach faulem Fleisch.

– Die **Form-Funktionsbeziehungen** (Größe, Bauart, Tiefe der Nektarbergung, körperliche Eigenschaften und Fähigkeiten der Besucher) zwischen Blume und Bestäuber bilden oft eine so starke Korrelation, daß sie als eine Einheit angesehen werden können. Erfahrene Blütenökologen konnten darum bei Vorliegen auch nur eines der beiden Partner die Existenz und Beschaffenheit des anderen vorhersagen. So hat der Blütenökologe *O. Porsch* für eine ganze Anzahl tropischer Blumen, die er nur aus einer Sammlung getrockneter Pflanzen, von Abbildungen oder Beschreibungen her kannte, vorausgesagt, daß es sich in den betreffenden Fällen um eine Vogel- oder Fledermausblume handeln müsse. Oft wurden erst viele Jahre später diese Vorhersagen durch Beobachtungen bestätigt.

Blumen ohne Sitzflächen werden von Tieren aufgesucht, die zum Schwirrflug fähig sind. Hummeln passen hingegen hinsichtlich Form und Größe aufs beste in eine Taubnesselblüte. Viele Schmetterlinge und Bienenarten besitzen lange Saugrüssel, um den in engen Spalten und tiefen Röhren der Blüten verborgenen Nektar zu gewinnen. Bei dem südamerikanischen

Schwärmer Cocylius cluentis erreicht der Rüssel sogar die Länge von 25 cm.

- **Zeitliche Abstimmung:** Verschiedene Blumen öffnen sich zu einer ganz bestimmten Tageszeit (z. B. Morgengrauen) und schließen sich bald wieder. Bienen solcher Blumen benötigen ein ausgeprägtes Zeitgedächtnis, um sich auf das Nahrungsangebot einer bestimmten Tageszeit einzustellen. *Dodson* beobachtete in Peru Tag und Nacht zahlreiche Blüten der Orchidee Cattleya luteola. Das bis dahin ungelöste Rätsel, wer diese Blüten bestäubte, konnte gelöst werden: In der kurzen Zeitspanne zwischen 5.30 und 5.45 Uhr erschienen zahlreiche Bienen der Art Melipona flaripennis und umschwärmten die jetzt besonders wohlduftenden Cattleya-Blüten. Sobald das erste Licht den Morgen erhellte, war keine einzige Biene mehr an den Blüten zu sehen. Die zeitliche Präzision des Bienenbesuchs ist hier insofern besonders bemerkenswert, da diese Blüten den ganzen Tag über offen sind und besucht werden könnten.

Neben dem häufigsten Anreiz für den Blütenbesuch der Bestäuber, die Nahrungssuche, sind in letzter Zeit auch andere Motive entdeckt und untersucht worden, wie die Täuschsexualität und die Feindattrappe.

Die optische Imitation weiblicher Fliegen, insbesondere die offene Genitalöffnung kopulationswilliger Fliegenweibchen, also dem Signal, mit dem auch die echten Weibchen die Männchen anlocken, nennt man **Täuschsexualität** (Pseudokopulation). Die durch die optischen Reize stimulierten Fliegenmännchen stürzen sich auf die von den Blüten gebildeten Weibchenattrappen, um mit ihnen zu kopulieren und bestäuben dabei die Blüten. Es handelt sich hierbei um die in den Hochanden Perus und in Mittelamerika verbreiteten Orchideenarten der Gattungen Trichoceros, Telipogon und Stellilabium, die durch das Kopulationsverhalten von Fliegen (besonders Tachinen) bestäubt werden. Eine andere Form der Täuschungssexualität ist die Imitation des Sexualduftes der Weibchen bestimmter Hautflügler (Grabwespen, Bienen, Schlupfwespen) durch Orchideenblüten (Ophrys). Während der Sexualduft anlockt, ist der Auslöser für die bestäubungswirksamen Kopulationsversuche der Männchen die haarig samtige Oberflächenbeschaffenheit der Lande- und Sitzfläche der Ophrysblüten.

Ein völlig anderes und unsere Phantasie und Vorstellungskraft übersteigendes Täuschungsphänomen wurde in neuerer Zeit bei den insektenähnlich aussehenden Orchideenblüten der Gattung Oncidium entdeckt. In Ecuador beobachtete man, wie hummelgroße Männchen der Bienengattung Centris die Blüten Oncidium hyphaematicum und O. planilabre beflogen und bestäubten. Die Centris-Männchen zeigen ein ausgeprägtes **Territorialverhalten,** d. h. sie beherrschen von einem Ansitz aus einen überschaubaren Raum, aus dem sie jedes einfliegende Insekt vertreiben. Die Blüten der Oncidiumarten hängen an langen gebogenen Rispenstielen, so daß der leiseste Wind sie zum Zittern und Pendeln bringt. Befinden sich nun solche Blüten im Territorium eines Centris-Männchens, so erblickt das Männchen in der zitternden und vibrierenden Blütenbewegung einen Eindringling in sein Revier, der sofort durch einen gezielten Frontalangriff zu vertreiben versucht wird. Die Präzision des Vorstoßes gegen die Blüten ist so groß, daß dem Centris-Männchen regelmäßig Blütenstaubkölbchen zwischen die Augen geheftet werden, die zur Bestäubung dienen.

Nach den obigen Ausführungen wird deutlich, daß solche komplizierten, nur durch eine Vielzahl von Variablen zu kennzeichnenden Lebensabhängigkeiten von getrennt lebenden, aber aufs engste miteinander verknüpften Lebewesen, nicht evolutionistisch zu erreichen sind. Der

Zufall definiert keine Zielgröße, und eine so komplexe schon gar nicht; außerdem wären Zwischenformen sinnlos und könnten nicht lebensfähig sein. Obwohl der Aufsatz des Blütenökologen *F. Schremmer* [87] eindeutig evolutionistisch geprägt ist, gibt er doch zu: »Die erstaunliche, über das Gestaltliche weit hinausgehende wechselseitige Anpassung von Blume und Bestäuber kann keineswegs lamarckistisch erklärt werden ... Was uns noch größte Schwierigkeiten macht, ist die Verbindung, die Korrelation, die Wechselseitigkeit zweier sich evolutiv ändernder Organismen.«

# 9. Genetische Information und genetischer Code

Die genetische Information gehört mit zu den größten Wundern der Schöpfung. Auf engstem Raum finden wir hier den gesamten biologischen Organismus programmiert. Die in allen Keim- und Körperzellen gespeicherte Information enthält eine lange Liste von Anweisungen für die Produktion einer Pflanze, eines Tieres oder eines Menschen. Diese Information ist auf den sogenannten DNS-Strängen gespeichert, die ganze »Bände« bilden, die man **»Chromosomen«** nennt; die einzelnen »Kapitel« bezeichnet man mit **»Gene«.**

## 9.1. Der Informationsträger

Träger der genetischen Information, d.h. der Programme, die die biologischen Funktionen während der gesamten Lebenszeit ausführen, sind die **Nucleinsäuren.** Bei allen zelligen Organismen und bei vielen Viren* sind es die aus Nucleotiden kettenförmig aufgebauten, zu zweisträngigen Doppelwendeln verdrillten **Desoxyribonucleinsäuren** (DNS, englisch: DNA für Desoxyribonucleic Acid), bei den restlichen Viren Ribonucleinsäuren (RNS). Mit Nucleotid bezeichnet man gemäß *Bild 5* den Komplex, der aus drei Komponenten besteht: einem

---

* Viren sind submikroskopische Teilchen (kleinste bekannte »Organismen«), die sich aus Nucleinsäure und Proteinen zusammensetzen. Die Virusnucleinsäure (jeweils DNS oder RNS) enthält die genetische Information, die stets eine lebende Wirtszelle benötigt, um funktionell wirksam werden zu können. Die Größe liegt zwischen 0,00025 mm und 0,000010 mm.

Zucker, einem Phosphorsäurerest und einer Stickstoffbase. Die beiden Typen von Kernsäuren unterscheiden sich hauptsächlich in ihren Zuckerkomponenten Desoxyribose bei DNS und Ribose bei RNS. Das lange, aus Phosphat und Zucker bestehende »Rückgrat« der DNS oder RNS wiederholt sich monoton, aber die »Rippen« variieren. Es können vier verschiedene Stickstoffbasen in den einzelnen Nucleotiden vorkommen, nämlich 2 Purinbasen:

Adenin (A) und Guanin (G)

und 2 Pyrimidinbasen:

Cytosin (C) und Thymin (T).

In den RNS tritt Uracil (U) an die Stelle des Thymins. Einem A des einen Strangs steht immer ein T des anderen Strangs gegenüber, ebenso einem G des einen immer ein C des anderen. Die A-T- und die G-C-Paare sind locker miteinander verbunden und halten so die beiden »Schnüre« zur »Kordel« zusammen. Die Programmanweisung für den zu entstehenden Organismus ist in der Reihenfolge der Nucleotide (Nucleotidsequenz) verschlüsselt (codiert). Der unermeßlichen Vielfalt der Genetik von Menschen, Tieren und Pflanzen, insbesondere auch der erblichen Verschiedenheit zwischen Menschen unterschiedlicher Rassen, wie auch zwischen Individuen einer einzigen Rasse, liegen unterschiedliche Reihenfolgen von A-, T-, G- und C-Nucleotiden zugrunde. Vergleicht man das DNS-Molekül mit dem Papierstreifen eines Morsetelegraphen, so entsprechen die Stickstoffbasen den Punkten, Strichen und Pausenzeichen auf dem Morseband. Der Informationszusammenhang zwischen der Nucleotidsequenz in der DNS und den Eigenschaften des fertigen Organismus führt nicht direkt zu diesem Endstadium, sondern läuft über eine ganze Reihe von Stufen. Die erste Stufe besteht in der Steuerung der Synthese der Eiweißstoffe.

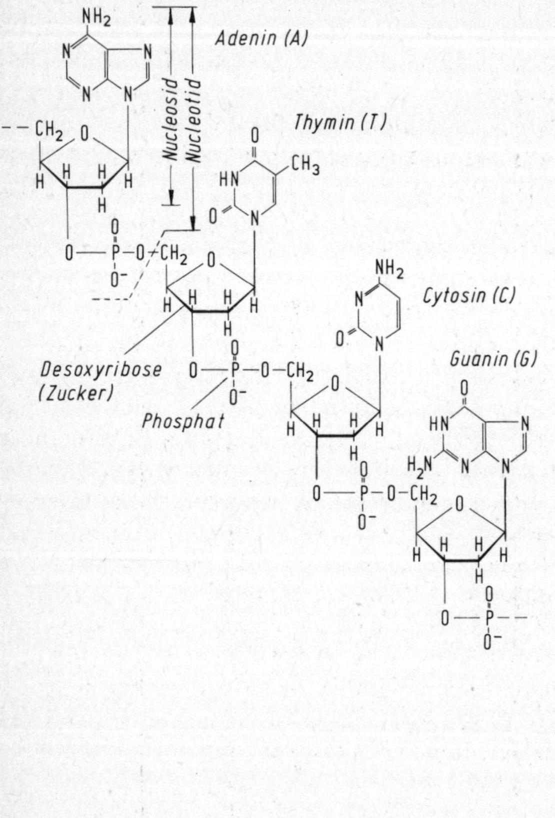

*Bild 5: Chemische Struktur der Desoxyribonucleinsäure. Abschnitt eines Stranges der DNS-Doppelhelix mit der Zucker-Phosphat-Kette und den 4 möglichen Basen Ademin, Thymin, Cytosin und Guanin.*

## 9.2. Die Eiweißkörper

Die Eiweißkörper (Proteine) [11] bilden die wesentlichen Baustoffe der Lebewesen und sind auch die chemischen »Werkzeuge« der Organismen. In einem Lebewesen sind etwa 1000 (einfachste Formen) bis 100000 (höhere Organismen) verschiedene Eiweißmolekülsorten vorhanden. Jede Sorte hat ihren ganz bestimmten funktionellen Platz und ihre Aufgabe. Die Proteine sind die Grundsubstanzen des Lebendigen und schließen so wichtige Verbindungen wie Enzyme, Antikörper, Blutpigmente, Hormone und viele andere in sich ein. Die meisten Proteine sind Enzyme, d. h. sie funktionieren als Katalysatoren (Reaktionsbeschleuniger) bestimmter Stoffwechselfunktionen (z. B. Zusammenbau von Zuckermolekülen zu Stärke). Die chemische Verknüpfung zweier Aminosäuren nennt man **Peptid,** bei dreien heißt die neue Verbindung Tripeptid und bei vielen Polypeptid. Überschreitet die Zahl der Aminosäuren 50, so spricht man per definitionem von einem **Protein.** Proteine sind also sehr große Moleküle mit einem Molekulargewicht zwischen 10000 und 1000000. Sie bilden sich durch Reihenpolymerisierung von Aminosäuren mit einem mittleren Molekulargewicht von 100; somit enthält jedes in Lebewesen vorkommende Protein zwischen 100 und 10000 Aminosäure-Einheiten. Trotz ihrer außerordentlichen Mannigfaltigkeit bestehen alle Eiweißstoffe der Tiere, Pflanzen und Mikroorganismen nur aus etwa 20 verschiedenen Aminosäuren.

## 9.3. Die 4-Buchstaben-Schrift

Die genetische Information liegt in der DNS in Form einer 4-Buchstaben-Schrift vor, wenn man den Basen A, G, T und C die Bedeutung von Buchstaben gibt. Würde **eine** Base **einer** Aminosäure entsprechen, so wären bei einer solchen Codierung nur vier Aminosäuren in einem Protein zu bestimmen. Würde eine Kombination von 2 Basen eine Aminosäure bestimmen, so könnten insgesamt $4^2 = 16$ Aminosäuren »ausgedrückt« werden. Da es aber mindestens 20 Aminosäuren gibt, sind wenigstens drei Basen, d.h. 3 Buchstaben pro Wort, nötig, um eine bestimmte Aminosäure zu bezeichnen. Aus B = 4 Buchstaben und einer konstanten Wortlänge von n = 3 Buchstaben kann ein Elementarvorrat von $B^n = 4^3 = 64$ verschiedenen Dreiergruppen **(Tripletts)** gebildet werden. Ein solches Nucleotidwort aus 3 Nucleotiden wird auch Codon genannt. Zur Darstellung der 20 in Proteinen belebter Systeme vorkommenden Aminosäuren *(Bild 6)* stehen also mehr Tripletts zur Verfügung als zur Kennzeichnung notwendig sind. Somit ergibt sich die Möglichkeit, einzelnen Aminosäuren mehrere Tripletts zuzuordnen. Dies ist auch so realisiert. Wie aus *Tabelle 1* ersichtlich, werden einige Aminosäuren durch sechs Tripletts gekennzeichnet, andere durch vier usw. In der Regel sind stets die ersten beiden Buchstaben aller Tripletts für jede Aminosäure konstant und nur der dritte Buchstabe variiert. Viele Tripletts pro Aminosäure bedeuten, daß bei Änderung eines Nucleotids mit geringer Wahrscheinlichkeit eine andere Aminosäure bezeichnet wird. Der Code ist also gegen Störungen relativ unanfällig. Die im genetischen Code vorhandene Redundanz, d.h. Überbestimmung, wird also weitgehend zur Kompensation des Rauschens bei der Translation benutzt. Dadurch ist der genetische Code aus informationstheoretischer Sicht auf einen minimalen Gesamtfehler optimiert. Wenn auch

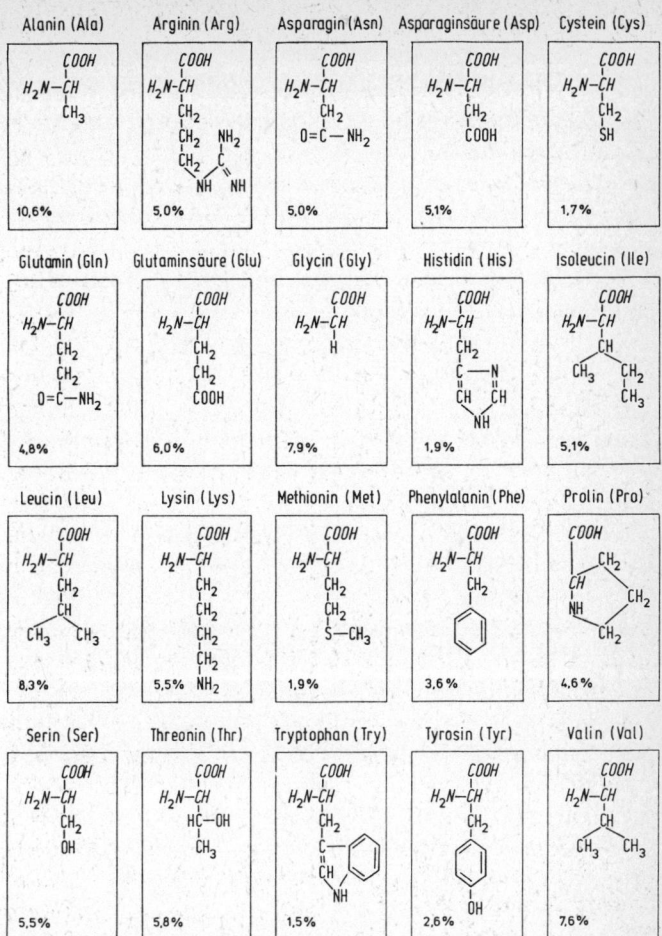

*Bild 6: Die chemischen Strukturformeln der 20, in Proteinen belebter Systeme vorkommenden, Aminosäuren in alphabetischer Reihenfolge mit internationalen Kurzzeichen und der Häufigkeit ihres Vorkommens in Proteinen.*

das »Alphabet« des genetischen Codes aufgeklärt ist, so ist doch noch ein weiter Weg bis zum Verständnis seiner Sprache. Wenn jemand das kyrillische Alphabet kennt, so bedeutet das noch lange nicht, daß er bereits die russische Sprache beherrscht.

Ein DNS-Abschnitt, der vererbte (= genetische) Informationen für die Aminosäuren einer Proteinsorte (Polypeptid) enthält, wird als **Gen, Erbfaktor** oder **Cistron** bezeichnet. Die Basensequenz dieser Gen-DNS bestimmt die Aminosäurefolge des zugehörigen Proteins und damit dessen spezifische Funktionsfähigkeit. Die notwendige Informationsmenge ist natürlich abhängig von der Komplexität des Systems. Während in der Bakterienzelle ein DNS-Molekül von 1 mm Länge, entsprechend etwa $3 \cdot 10^6$ Nucleotidpaaren *(Bild 7),* vorhanden ist, beträgt die aneinandergereihte Länge der in einer menschlichen Körperzelle vorhandenen DNS-Moleküle etwa 2 m bzw. $6 \cdot 10^9$ Nucleotidpaare. Die Körperzellen des Menschen enthalten die Erbinformationen in doppelter Ausführung – einen Satz vom Vater und einen von der Mutter –, woraus folgt, daß die notwendigen Informationen auf einen DNS-Faden von 1 m Länge oder $3 \cdot 10^9$ Nucleotidpaaren untergebracht sind. Aus $3 \cdot 10^9$ Nucleotidpaaren können $10^9$ Wörter gebildet werden. In unserer Schreibschrift brauchten wir zur Aufzeichnung eines solchen Textes etwa 2000 Bücher mit jeweils 500 Seiten [61]. Im genetischen Code ist diese Information auf engstem Raum untergebracht.

Die Anzahl der Erbanlagen läßt sich in etwa abschätzen, wenn man von einem mittelgroßen Genprodukt die Anzahl der Aminosäuren in Beziehung zur Anzahl der für die Codierung nötigen DNS-Bausteine (Nucleotide) setzt. Nimmt man als Modell das menschliche **Hämoglobin** [21], den Farbstoff der roten Blutkörperchen, dann braucht man zur Codierung der $\alpha$-Kette $3 \cdot 141 = 423$

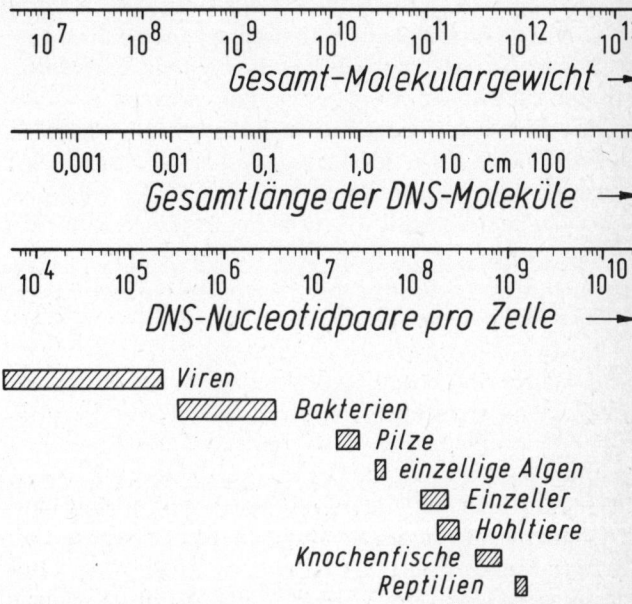

*Bild 7: DNS-Spezifikationen verschiedener Lebewesen. Vergleich des Molekulargewichts, der Gesamtlänge sowie der Informationsmenge der DNS pro Viruspartikel, pro Bakterium sowie pro diploider Eukaryontenzelle bei verschiedenen Spezies [38]. (Unter Eukaryonten versteht man Organismen, die in der Zelle einen Zellkern haben, der von einer Doppelmembran umgeben ist und Chromosomen enthält.)*

und zur $\beta$-Kette $3 \cdot 146 = 438$ Nucleotidpaare. Somit muß man mit $3 \cdot 10^9 / (423 + 438) = 3{,}5$ Millionen Genen der Informationsgröße für das Hämoglobin rechnen. Die Gene sind in den Chromosomen enthalten. Die Anzahl der Chromosomen in einer Zelle ist für jede Art eine Konstante. Körperzellen enthalten doppelte Chromosomensätze, sie sind **diploid** (2n). Im Gegensatz dazu stehen die Geschlechtszellen, deren genetische Ausstattung einfach, **haploid** (n) ist. Beim Menschen sind es 46 Chromosomen. Man unterscheidet 44 Autosomen und zwei Geschlechtschromosomen. Während die 44 Autosomen bei den Geschlechtern gemeinsam sind, hat die normale Frau zusätzlich 2 X-Chromosomen; beim Manne sind ein X- plus ein Y-Chromosom typisch. Sie sind aus vielen stark spiralisierten Fibrillen (lat. fibra = Faser) zusammengesetzt, die chemisch aus Eiweiß und Nucleinsäuren bestehen. 20 Prozent der Trockenmasse eines Chromosoms enthalten die DNS, das sind pro diploider Körperzelle $5{,}4 \cdot 10^{-12}$ g.

Ein **Meisterstück der Miniaturisierung** von Informationsspeicherung und Wiedergabe wird hier sichtbar. Die biologischen Systeme verfügen über einen so extrem hohen Ordnungsgrad, daß ein zufälliges Entstehen völlig auszuschließen ist. In den DNS ist eine so ungeheure Informationsdichte von mindestens $10^{21}$ Bit/cm$^3$ realisiert [34]. In der Informationstheorie ist das **Bit** die kleinste Maßeinheit für den Informationsgehalt einer Nachricht und hat bei Binärdaten die Bedeutungen binär Null oder binär Eins. Vergleicht man den obigen Zahlenwert mit der Informationsdichte technischer Speicher in modernen Datenverarbeitungsanlagen, der etwa $10^3 - 10^4$ Bit/cm$^3$ (bei Mikroprozessoren $10^5 - 10^6$ Bit/cm$^3$) beträgt, dann merkt man, welch astronomische Spanne dazwischenliegt. Dieselbe Verhältniszahl ergibt sich, wenn man die Oberfläche der gesamten Erde mit der Oberfläche einer kleinen Kastanie vergleicht.

122

In Kapitel 7 hatten wir bereits die unvorstellbare Speicherfähigkeit des menschlichen Gehirns angesprochen. Wie die Signale gespeichert werden und wie die Nachrichten codiert sind, darüber wissen wir nichts Endgültiges. Es gibt eine ganze Auswahl von Gedächtnistheorien [27], von denen aber keine eine endgültige Lösung liefert. Je tiefer man in diese Probleme eindringt, um so mannigfaltiger und schwieriger werden die hirnphysiologischen, die neurologischen, psychiatrischen, psychologischen u. a. Tatbestände, mit denen eine vollständige Gedächtnistheorie in Übereinstimmung zu bringen ist. Auffallend ist an den Theorien, daß sie insbesondere auf Analogien zwischen Organismen und technischen Nachrichtensystemen zurückgreifen. Das ist mit Sicherheit eine einschneidende Beschränkung, die dem so ungeheuer differenzierten und komplexen Ganzheitsgedächtnis des Menschen mit allen seelischen Komponenten nicht gerecht wird. Es bleibt darum fraglich, ob der Informationsgehalt des Gedächtnisses überhaupt in solchen quantifizierbaren Einheiten angegeben werden kann, die in technischen Systemen üblich sind. Zur Abschätzung der äußerst umfangreichen Informationsmenge sind dennoch immer wieder Überlegungen angestellt worden, die eine Aussage über deren Größenordnung vermitteln sollen. So nennt *H. Güntheroth* [34] in Analogie zu Datenspeichern in elektronischen Rechenanlagen für das menschliche Gehirn eine Speicherkapazität von $10^{20}$ **Bit.** Ein Zahlenvergleich führt hier zu dem Ergebnis, daß man ein Volumen in der Größenordnung der vom Cabora-Bassa Staudamm in Mozambique gestauten Wassermassen bräuchte, um einen technischen Speicher ohne die notwendigen peripheren Geräte zu realisieren, der die Kapazität des menschlichen Gehirns erreicht. Auch die Bauvorschrift für dieses Gehirn ist bereits vollständig enthalten in einem menschlichen Spermium (0,06 mm) und in einer menschlichen Eizelle (0,2 mm). Diese auf molekularer Basis beruhende Miniaturisierung ist einzigartig und findet in keinem Bereich der Technik ihresgleichen.

## 9.4. Entstehung des genetischen Codes

Bei der Entstehung des Codes stehen die Evolutionisten vor einem unlösbaren Problem, denn anorganische Materie besitzt bekanntlich keine Teleonomie (Zielsetzung), keine Programme, keine Konzepte, keine Sprache, keine Systeme, keine Maschinerie und keinen Plan. Trotzdem muß aber bei evolutionistischer Sicht die anorganische Materie bereits vor dem Erscheinen des Lebens gerade diese Maschinerie, gerade dieses System und die Teleonomie des Lebens liefern. Hier wird ein besonders markanter Zirkelschluß offenkundig.

Diese Schwierigkeit wird von evolutionistischer Seite auch mehr oder weniger frei zugegeben. So schreibt *Monod* [68]:
»Das größte Problem ist jedoch die Herkunft des genetischen Code und des Mechanismus seiner Übersetzung ... Der Code hat keinen Sinn, wenn er nicht übersetzt wird. Die Übersetzungsmaschine der modernen Zelle enthält mindestens 50 makromolekulare Bestandteile, die selber in der DNS codiert sind: Der Code kann nur durch Übersetzungsergebnisse übersetzt werden.«

An modernen Datenverarbeitungsanlagen können Programme verschiedener Programmiersprachen und Daten unterschiedlicher Codes verarbeitet werden. Voraussetzung ist jedoch das Vorhandensein eines Übersetzungsprogramms (Compiler), das durch Einsatz von Intelligenz und Plan (Programmierer) zuvor erstellt wurde. Die Übersetzungsprogramme, die den Code interpretieren,

124

sind jedoch im allgemeinen erheblich komplizierter strukturiert als der eingegebene Code selbst. Beim genetischen Code muß bereits ein Übersetzungsmechanismus mit Interpretationsvereinbarungen vorliegen, während der Code selbst erst entsteht. Eine Nucleotidsequenz wird erst dadurch zu einer sinnvollen Information, wenn ein Übersetzungsapparat existiert, der die Information deutet und die nachfolgenden Vorgänge so steuert, daß funktionsfähige Aminosäuresequenzen für bestimmte Zwecke erzeugt werden. Das ist aber ohne geistige Planung unmöglich.

Zur Frage nach dem Ursprung der Information schreiben darum *Laskowski* und *Pohlit* [61]:
»Mit zahlreichen Hypothesen ist versucht worden, Antworten auf diese Fragen zu finden. Noch keine Antwort ist dabei über das Stadium reiner Hypothesen hinausgekommen.«

## 9.5. Einwände gegen die evolutionistische Entstehung des genetischen Codes:

### 9.5.1. *Es gibt nur einen Code*

Alle Lebewesen funktionieren nach dem **gleichen** Code. Es gibt nur diesen einen, gleichgültig ob es sich um eine Bakterienzelle, einen Birnenbaum, einen Fisch, ein Pferd oder einen Menschen handelt. In jeder Zelle ist die gleiche komplizierte Maschinerie tätig, um die in den DNS codierten Anweisungen in die Produktion der verschiedenen Stoffe zu übersetzen. Es ist erstaunlich, daß es **nur diese eine Codezuordnung** gibt (vgl. *Tab. 1*). Unser genetischer Code ist keinesfalls der einzig mögliche. Viele andere ebenso gute Codes würden zum gleichen Ziel führen. Würde man die 20 Aminosäuren mit den 64 Tripletts völlig frei kombinieren, so wären mindestens $64!/(64-20)! = 10^{36}$ verschiedene Codes möglich. Wie kommt es, daß von dieser astronomisch hohen Zahl nur ein einziger realisiert ist und dazu noch ein optimaler? Müssen wir hinter dem allen nicht eine planende Intelligenz erkennen? Wenn der Zufall am Werke war, warum gibt es dann nicht viele Systeme mit unterschiedlichen Codes? Deutet der eine Code von $10^{36}$ möglichen nicht unausweichlich auf den Schöpfer hin?

*H. Kuhn* vom Max-Planck-Institut für biophysikalische Chemie in Göttingen [59] sieht »in der Vielgestaltigkeit der Umgebung, im Vorhandensein ökologischer Nischen zum Schutz neuer Formen« einen wichtigen Faktor zur Lebensentstehung. Weiterhin schreibt er: »Wo durch Zufall die genau richtige räumlich-zeitliche Struktur gegeben ist, bildet sich ein primitives System mit Vermehrung, Mutation und Selektion. Damit geht plötzlich der neue Prozeß los: die Selbstorganisation der Materie. Die Voraussetzungen für diesen Initialprozeß dürften auf der Urerde an vielen Stellen zutreffen.« Diese Aussagen widersprechen aber gerade der Tatsache, daß es nur einen Code gibt. Es ist nicht einzusehen, daß an so vielen Stellen überall »zufällig« derselbe Code entstand. Andererseits ist aber gerade wegen evolutionistischer Argumente eine Entstehung des Lebens an Land nicht denkbar wegen der angenommenen sauerstofffreien Uratmosphäre und der damit einhergehenden fehlenden schützenden Ozonschicht. Da der genetische Code ein äußerst kompliziertes und hochgradig informationsreiches System darstellt, kann er auch aus evolutionistischer Sicht nicht so ohne weiteres entstanden sein. Da anorganische Materie nicht »erfinden« kann, tun dies im Nachhinein die Evolutionisten durch spekulative Hypothesen. So nimmt man an, daß es zuvor einen einfacheren sogenannten »Urcode« gegeben haben könnte. Die Vorstellungen

126

hierüber sind allerdings sehr verschwommen. Was man da auch immer annimmt, ist sofort aus prinzipiellen Einwänden zu verwerfen: Mit einem angenommenen »Urcode« aus 2 »Urbuchstaben« wären nur $2^3 = 8$ Triplettsorten möglich, und das wäre viel zuwenig. Überhaupt wäre jede Codeumstellung aus prinzipiellen Gründen unmöglich, denn beim Übergang von einem Code zum anderen würden alle bisher angesammelten Informationen verloren gehen, und das wäre tödlich. In der »Brockhaus Enzyklopädie 1971«, Band 12, S. 709 heißt es dazu:

»Es ist wahrscheinlich, daß der genetische Code nicht Gegenstand einer Evolution ist, denn Veränderungen in den Zuordnungen Codon-Aminosäure würden sehr große Veränderungen im Aufbau und damit in der Funktion der Eiweiße bedingen. Mit hoher Wahrscheinlichkeit wäre eine Veränderung in der Codon-Aminosäurezuordnung für heutige Lebewesen letal (tödlich).«

Eine andere Idee stammt von dem Nobelpreisträger *M. Eigen,* der in dem sogenannten **Hyperzyklus** [26] offenbar den Stein der Weisen gefunden zu haben glaubt. Der Jubel ist – insbesondere im wissenschaftlich getarnten Journalismus – groß, wenn *T. v. Randow* schreibt [36]: »Die Entdeckung des Hyperzyklus ist sicherlich zu den epochemachenden wissenschaftlichen Leistungen unseres Jahrhunderts zu zählen.«

Theoretische Berechnungen und Simulationsexperimente am Computer haben gezeigt, daß das Evolutionsprinzip nicht ausreicht, um das Entstehen hinreichend großer Nucleinsäurestrukturen zu ermöglichen. Nucleinsäuren, die aus mehr als 100 Gliedern (Basenpaaren) bestehen, bleiben bei der Reproduktion über mehrere Generationen hinweg nicht stabil, weil die Information durch Anhäufen von Kopierfehlern verlorengeht. Mit 100 genetischen Buchstaben läßt sich aber noch nicht einmal die Information aufschreiben, die für den Bau der sogenannten »Urzelle« nötig wäre. Die Hypothese von *Eigen* besagt nun, daß die Bauanleitungen nicht auf einem großen Molekül, sondern auf vielen kleinen niedergeschrieben sein sollen. Diese Moleküle mußten eine besondere Form der Zusammenarbeit entwickelt haben – den Hyperzyklus. Dieser Hyperzyklus ist ein reines Gedankengebäude, dem folgende Einwände entgegenzuhalten sind:

– Wenn der Hyperzyklus so erfolgreich sein soll, dann müßte es doch möglich sein, ihn experimentell zu verifizieren. Ein Laborexperiment ist einer »zufälligen Urerde« doch in jedem Fall überlegen, da jede nur denkbar günstige Bedingung simuliert werden kann. Keinerlei Beobachtungen oder Experimente dieser Art stützen das Gedankenexperiment »Hyperzyklus«. Darum stellen wohl *Eigen* und *Schuster* in ihrer mit viel Aufwand dargelegten Veröffentlichung über die Hyperzyklen einschränkend fest, daß sie nicht als Fetisch betrachtet werden sollten [26].

– Ein so hoch organisiertes System mit einer bestimmten Folge gekoppelter Reaktionen kann nicht aus sich selbst heraus entstehen.

– Der Bogen wird hier weit überspannt: Von der Maschinerie wird verlangt, daß sie nicht nur Information übersetzen, sondern während der Übersetzung noch dazu neue Information erzeugen muß. Der Hyperzyklus muß als Schöpfer, Übersetzer und Organisator funktionieren, und das alles ohne Konzept, nur durch Zufall. Prof. *Wilder-Smith* bemerkt hierzu [101]: »Der Apparat, der durch *Eigens* Zufall und Spielregeln entstand, muß leistungsfähiger sein als andere Computer, die die Menschen je bauten. Dazu noch wurde er durch Zufall programmiert. Wir meinen, daß die Notbremse der Materialisten – der Zufall – durch derartige Thesen mehr als ein wenig überfordert worden ist.«

## 9.5.2. Mutationen wirken informationszerstörend

Eine plötzlich eintretende, anhaltende Abänderung eines genetisch bedingten Merkmals nennt man **Mutation.** Sie wird sichtbar durch den Ausfall oder die Veränderung biologischer Funktionen, also dadurch, daß bestimmte Eiweiße überhaupt nicht oder verändert aufgebaut werden. Im entsprechenden Gen liegt in jedem Fall eine Veränderung der Basensequenz zugrunde. Der Einbau einer falschen Aminosäure führt im allgemeinen zu einem funktionsuntüchtigen Protein. Geht ein Basenpaar verloren oder wird eines hinzugefügt, so führt das zu einem falschen Ablesen der auf die Mutationsstelle folgenden Basenpaare. Diese Verschiebung des Triplett-Rasters führt fast immer zu einem funktionsuntüchtigen Protein. Mutationen verändern oder zerstören bereits bestehende Information, sie erzeugen aber keine neuen Konzepte. So liegt ein entscheidender Irrtum der Evolutionisten vor, wenn sie sagen »die Mutation sei der Motor der Evolution«. Das soll schon im Bereich der Codeevolution eine Aufwärtsentwicklung bewirkt haben, wobei ungerichtete Mutationen im Code durch natürliche Selektion eine Erhaltung und Verbesserung bewirkt haben sollen. Da der genetische Code mit einer Sprache vergleichbar ist, führt diese Auffassung zu Schwierigkeiten, auf die schon *M. Eden* [22] hinwies: »Keine der gegenwärtig existierenden Sprachen kann willkürliche Veränderungen der Symbolsequenzen dulden, die ihre Sätze darstellen. Dies führt unweigerlich zu einer Zerstörung der Bedeutung. Jegliche Veränderungen müssen solche sein, die von der Syntax her erlaubt sind.«

Da der genetische Code mehr noch einer Programmiersprache eines Computers entspricht als einer natürlichen Sprache, sind die Syntaxbedingungen noch viel stärker eingegrenzt. Jeder Programmierer an Datenverarbeitungsanlagen weiß, wenn er bei der Eingabe des Programms einen Tippfehler (Mutation) begeht, daß das Programm dadurch nicht informationsreicher wird, sondern auf einen Fehler läuft. Auch die Fülle der Fehler, d.h. hohe Mutationsrate, wird keinen positiven Beitrag leisten können, sondern mehr und mehr das Programm zerstören. *V. Pearce* schreibt [74]: »Wer ein ziemlich primitives Konzept der Evolution kritiklos akzeptiert, sollte sich einmal überlegen, wie radikal die Neuorganisation der Kapitel (Chromosomen) ist, besonders angesichts der Tatsache, welche Wirkung die Veränderung eines Satzes oder auch nur eines Wortes (einer Aminosäure) hat.«

### 9.5.3. Drehsinn von Informationsträgern und Aminosäuren

Bei der Betrachtung der räumlichen Struktur der chemischen Verbindungen, die zur Speicherung und Übertragung der genetischen Information dienen, stoßen wir auf einige sehr markante Details, die einsichtig nur durch eine weise und planende Absicht hinter allem erklärbar sind.

Als replikationsfähige, d.h. kopierfähige Modelle der Informationsträger sind schraubenförmige Stränge (Helices) erforderlich, da nur diese genau ineinanderpassen. Bemerkenswert ist nun, daß in allen biologischen Organismen immer **derselbe** Schraubendrehsinn der Nucleinsäuredoppelwendeln auftritt: Es gibt **nur »Rechtsschrauben«** *(Bild 8).* Nach evolutionistischer Zufallssicht ist es am Anfang gleich wahrscheinlich, daß eine Links- oder eine Rechtsschraube entsteht. Abgesehen davon, daß die Wahrscheinlichkeit für die spontane Entstehung eines solchen Stranges viel zu klein ist – sie nimmt nämlich exponentiell mit der Stranglänge ab – bleibt die interessante Frage nach dem eindeutigen Drehsinn der Schrauben. Es gibt darauf keine Antwort. Lediglich eine

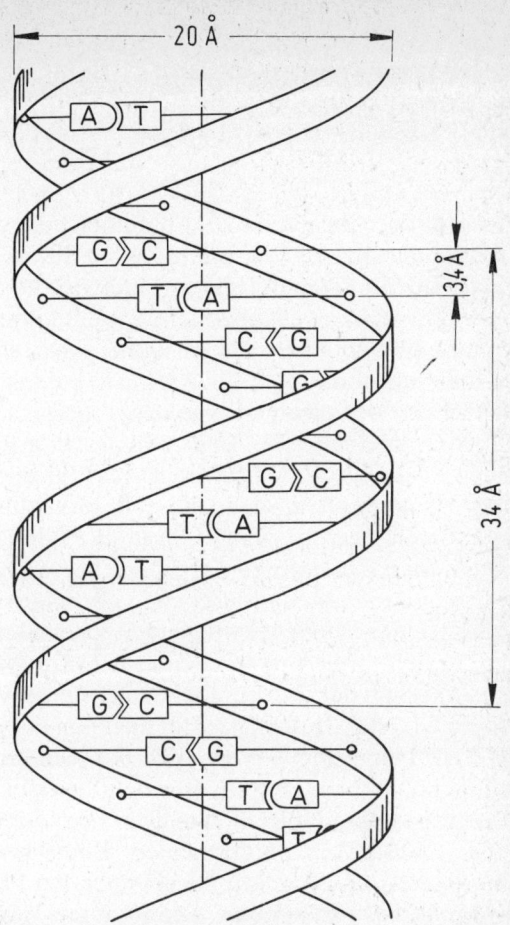

Bild 8: Schematische Darstellung der räumlichen DNS-Doppelhelixstruktur. Zwei Polynucleotidstränge sind schraubenförmig umeinander gewunden und bilden eine Doppelspirale. Die durch Wasserstoffbrücken gekoppelten Basenpaare sind in einer zur Helixachse senkrechten Ebene angeordnet. Aus dem Prinzip der Basenpaarung Adenin mit Thymin und Guanin mit Cytosin folgt für das molare Mengenverhältnis $A : T = C : G = 1 : 1$. Die Steigung des »Rechtsgewindes« beträgt 34 Å, der Durchmesser 20 Å und der Abstand der aufgestockten Basen 3,4 Å $(1 \text{ Å} = 10^{-10} \text{ m})$.

unbefriedigende Behauptung wird in den Raum gestellt [59]: »Durch den Zufall im Initialprozeß bleibt die **Chiralität**\* für die weitere Evolution eingefroren.« Auch hier muß der Zufall wie ein Zauberstab für alles herhalten.

Das Problem der Chiralität [101] hat noch eine andere Seite, die wir darum hier behandeln wollen. Es existieren zwei verschiedene Formen (Stereo-Isomerie) von Aminosäuren bei gleicher chemischer Zusammensetzung. Die Isomerie (griech. isos = gleich, meros = Teil) bedeutet, daß die Anzahl und Art der Atome in beiden Molekülen gleich ist, der einzige Unterschied besteht in der räumlichen Anordnung der Bestandteile *(Bild 9)*. Das Phänomen, daß die Raumstrukturen von Bild und Spiegelbild zweier sonst chemisch identischer Moleküle nicht übereinstimmen, nennt man Chiralität. Physikalisch wirkt sich dieser Unterschied durch eine verschiedenartige Drehung der Polarisationsebene von polarisiertem Licht (nur in einer Ebene schwingende Lichtwellen) aus. Man unterscheidet die linksdrehende L-Form (von lat. laevus = links) von der rechtsdrehenden D-Form (von lat. dexter = rechts) der Moleküle. Baut man nun lange Ketten von Molekülen der L-Form, der D-Form oder aus Gemischen von beiden, der DL-Form auf, so ist es klar, daß sich diese sterischen Reihen in ihrer räumlichen Beschaffenheit wesentlich unterscheiden. Bemerkenswert ist nun, daß die in Lebewesen vorkommenden Proteine durchweg aus **linksdrehenden** Aminosäuren bestehen. Rechtsdrehende Aminosäuren werden von den Enzymen der Zellen nicht zum Aufbau von Proteinen verwendet [61]. Oft sind Eiweiße aus rechtsdrehenden

---

\* Chiralität (griech. cheir = Hand); chiral sind alle geometrischen Figuren, die kein Symmetrie-Element haben, jedoch auch solche symmetrischen Figuren mit zueinander kongruenten Teilen, die durch Rotation zur Deckung gebracht werden, d.h. eine, zwei oder ein komplexes System von Symmetrieachsen besitzen.

Aminosäuren sogar für das Leben giftig. Linke Chiralität der Aminosäuren des Lebens ist darum eine notwendige Bedingung.

$$O \diagdown \diagup OH \qquad\qquad O \diagdown \diagup OH$$

$$C \qquad\qquad\qquad\qquad C$$

$$H_2N — C — H \qquad\qquad H — C — NH_2$$

$$R \qquad\qquad\qquad\qquad R$$

L-Aminosäure                    D-Aminosäure

*Bild 9: Links- und rechtsdrehende Aminosäure*

Aus diesen Feststellungen ergeben sich einige Folgerungen, die der Evolutionstheorie stark entgegenstehen: Für die Biogenese (Urzeugung) ist von Bedeutung, daß **alle** Aminosäuren als Bausteine für lebendes Plasma linksdrehend sein müssen. Sind auch nur kleine Mengen von rechtsdrehenden Aminosäuren zugegen, so entstehen Eiweiße, die wegen ihrer räumlichen Unterschiede für das Leben nicht nur untauglich, sondern oft sogar verhängnisvoll sind. Die von Evolutionisten angenommene Entstehung von Aminosäuren durch Blitze und Zufall in der »Uratmosphäre« kann prinzipiell nie reine linksdrehende Aminosäuren bilden. Durch Zufall oder andere natürliche, nichtbiologische Prozesse entstehen ausschließlich Gemische von je zur Hälfte aus links- und rechtsdrehenden Aminosäuren. Solche Gemische nennt man Razemate (DL-Form), aus ihnen können sich unter keinen Umständen irgendwelche lebenden Eiweiße oder lebensfähiges Protoplasma bilden. Prof. *Wilder-Smith* schreibt dazu [101]: »Der heutigen Naturwissenschaft ist

133

keine Methode bekannt, die Razemate durch anorganische, zufällige Prozesse in links- und rechtsdrehende Formen spaltet. Blitz, Uratmosphäre und anorganische zufällige Prozesse können, theoretisch und experimentell gesehen, keine solche optische Spaltung vornehmen. Chemische Unterschiede existieren zwischen einfachen links- und rechtsdrehenden Aminosäuren ja nicht.« Es ist somit unmöglich, daß die sogenannte Urzelle aus einem Gemisch von Aminosäuren entstand, das per Zufall die Uratmosphäre hervorbrachte.

| Nr. | Aminosäure | Kurz-zeichen | Mittlere Häufig-keit in Prozent | Genetischer Code (Tripletts auf der mRNS) |
|---|---|---|---|---|
| 1 | Alanin | Ala | 10,6 | GCA GCC GCG GCU |
| 2 | Arginin | Arg | 5,0 | AGA AGG CGA CGC CGG CGU |
| 3 | Asparagin | Asn | 5,0 | AAC AAU |
| 4 | Asparaginsäure | Asp | 5,1 | GAC GAU |
| 5 | Cystein | Cys | 1,7 | UGC UGU |
| 6 | Glutamin | Gln | 4,8 | CAA CAG |
| 7 | Glutaminsäure | Glu | 6,0 | GAA GAG |
| 8 | Glycin | Gly | 7,9 | GGA GGC GGG GGU |
| 9 | Histidin | His | 1,9 | CAC CAU |
| 10 | Isoleucin | Ile | 5,1 | AUA AUC AUU |
| 11 | Leucin | Leu | 8,3 | CUA CUC CUG CUU UUA UUG |
| 12 | Lysin | Lys | 5,5 | AAA AAG |
| 13 | Methionin | Met | 1,9 | AUG |
| 14 | Phenylalanin | Phe | 3,6 | UUC UUU |
| 15 | Prolin | Pro | 4,6 | CCA CCC CCG CCU |
| 16 | Serin | Ser | 5,5 | AGC AGU UCA UCC UCG UCU |
| 17 | Threonin | Thr | 5,8 | ACA ACC ACG ACU |
| 18 | Tryptophan | Try | 1,5 | UGG |
| 19 | Tyrosin | Tyr | 2,6 | UAC UAU |
| 20 | Valin | Val | 7,6 | GUA GUC GUG GUU |
| | Stoppzeichen | | | UAA UAG UGA |

*Tabelle 1: Der genetische Code*
*Tripletts auf der mRNS (messenger – Ribonucleinsäure), die die 20 in Proteinen belebter Systeme vorkommenden Aminosäuren kennzeichnen. Die Aminosäuren sind in alphabetischer Reihenfolge angeordnet, die international festgelegten Kurzzeichen sowie die mittlere Häufigkeit ihres Vorkommens in Proteinen sind angegeben* [61].

## 9.6. Genetischer Code und Schöpfer

Nach den Worten des Genetikers und Nobelpreisträgers *Georges Beadle* [74] hat die Entzifferung des DNS-Codes eine Sprache offenbart, die älter ist als alle menschlichen Hieroglyphen. Es ist »eine Sprache, die so alt ist wie das Leben selbst. Ihre Wörter sind tief in die Zellen unseres Körpers eingeschrieben.« Wir haben gesehen, daß der genetische Code in der gesamten belebten Natur universell ist, er kommt in jeder Pflanze und in jedem Tier zur Anwendung. Als Gott sprach, um das Leben zu schaffen, wurden seine Worte nicht auf ein Magnetband geschrieben, sondern das Gedankenkonzept Gottes ist in den wendelförmigen DNS-Strängen als »Informationsträger« codiert. In der Psalmen-Übersetzung (Ps. 139, 13–18) des jüdischen Theologen *Martin Buber* (1878–1965), die sich äußerst eng an den hebräischen Grundtext hält und dadurch allerdings einen nicht so flüssig lesbaren deutschen Text ergibt, wird etwas deutlich von unserem behandelten Thema [14]:

Ja, du bist's,
der bereitete meine Nieren,
mich wob im Leib meiner Mutter!
Danken will ich dir dafür,
daß ich furchtbar bin ausgesondert:
sonderlich ist, was du machst,
sehr erkennts meine Seele.
Mein Kern war dir nicht verhohlen,
als ich wurde gemacht im Verborgnen,
buntgewirkt im untersten Erdreich,
meinen Knäul sahn deine Augen,
und in dein Buch waren all sie geschrieben,
die Tage, die einst würden gebildet,
als aber war nicht einer von ihnen.

Und mir
wie köstlich, Gottherr, sind deine Gedanken,
ihre Hauptstücke wie kernkräftig!
ich will sie buchen, ihrer wird mehr als des Sands! –
Ich erwache: noch bin ich bei dir.

Obwohl der Psalmist nichts von heutigen Kenntnissen über den genetischen Code wußte, schrieb er unter der Anleitung Gottes (2. Tim. 3, 16) von der Vielzahl seiner Gedanken, deren Zahl er mit der des Sandes am Meer vergleicht und die im Kern gebucht (auf DNS codiert) sind.

*Thomas Alva Edison* (1847–1931), der Erfinder der Glühlampe und Inhaber von mehr als 1200 Patenten, schrieb nach der Besteigung des Eiffelturms in Paris in das goldene Buch [71]:
»Herrn *Eiffel,* dem Ingenieur und mutigen Erbauer des riesigen und eigenartigen Musterstückes moderner Ingenieurkunst, widmet dieses Wort ein Mann, der den größten Respekt und die größte Bewunderung für alle Ingenieure hat, besonders für den größten unter ihnen: Gott.«

Dieser gottesfürchtige Mann erkannte den »Erfinderreichtum« Gottes in der Schöpfung. Wieviel mehr würde er wohl heute gestaunt haben, wenn er die Wunder der Programmierung im genetischen Code kennengelernt hätte.

Wir haben erkannt, daß zwischen dem Organisationsgrad unbelebter und lebender Materie die ungeheure Spanne mehrerer Zehnerpotenzen liegt, dennoch reicht dem Chemiker *T. D. Parks* bereits das Ordnungsgefüge der anorganischen Welt, um Gott als Urheber zu erkennen [71]:
»Ich sehe Ordnung und Bestimmung überall um mich in

der anorganischen Welt. Ich kann nicht glauben, daß sie existieren durch zufällige glückliche Verbindungen von Atomen. Für mich setzt diese Planung eine Intelligenz voraus, diese Intelligenz nenne ich Gott.«

Auch der englische Astrophysiker Sir *J. Jeans* (1877–1946) äußerte sich in ähnlicher Weise: »Das Weltall gleicht mehr einem großen Gedanken als einer Maschine.«

*Monod* vermag das nicht aufgrund seiner philosophischen Prägung zu sehen; für das evolutionistische Denken bleibt alles ein Glücksspiel [68]:
»Unsere Bestimmung war nicht ausgemacht, bevor nicht die menschliche Art hervortrat, die als einzige in der belebten Natur ein logisches System symbolischer Verständigung benützt ... Das Universum trug weder das Leben noch trug die Biosphäre den Menschen in sich. Unsere ›Losnummer‹ kam beim Glücksspiel heraus. Ist es da verwunderlich, daß wir unser Dasein als sonderbar empfinden – wie jemand, der im Glücksspiel eine Milliarde gewonnen hat?«

In der Bibel vermittelt uns Gott eine völlig andere Wirklichkeit: »Ich kannte dich, ehe ich dich im Mutterleib bereitete (Jer. 1, 5).« Der Grund unserer Verwunderung läuft also in entgegengesetzter Richtung wie bei *Monod* und besteht darin, daß wir darüber staunen, wie wir in Gottes Plan fest einkalkuliert sind. Dankend bekennt der Psalmist: »Ich danke dir dafür, daß ich wunderbar gemacht bin; wunderbar sind deine Werke, und das erkennt meine Seele wohl (Ps. 139, 14).«

*Einstein* konnte aus guten Gründen den Darwinismus nicht akzeptieren [71]:
»Ich glaube an einen persönlichen Gott, und ich kann mit gutem Gewissen sagen, daß ich niemals in meinem Leben

einer atheistischen Lebensanschauung gehuldigt habe. Schon als junger Student lehnte ich den wissenschaftlichen Standpunkt der achtziger Jahre ab, und ich betrachte *Darwins, Haeckels* und *Huxleys* Entwicklungslehren als hoffnungslos veraltet.«

Jeder Programmierer an Datenverarbeitungsanlagen weiß, daß zur Erstellung eines Programms Intelligenz nötig ist. Je komplexer im Sinne von Gedankenfülle, Kenntnistiefe und Schwierigkeitsgrad ein Programm ist, desto mehr Einsatz von Intelligenz ist nötig. Wo immer wir Codierung, Ordnung und Plan beobachten, da wissen wir aus übereinstimmender Erfahrung, daß irgendwo Intelligenz am Werk gewesen sein muß. Ein Gedanke wird immer zuerst gedacht, dann erfährt er durch Einkleidung in Materie seine Verwirklichung. Die Materie wird zum Träger von Gedanken – so wie ein Tonband zum Informationsträger der Sprache wird –, aber die Intelligenz ist keine eigene, ihr innewohnende Kraft.

Prof. *Wilder-Smith* können wir nur zustimmen, wenn er feststellt [99]:

»Niemand würde auch nur im Traum daran denken, die Konstruktion eines verhältnismäßig einfachen Objekts wie das einer Hängebrücke anders als dadurch zu erklären, daß er Intelligenz, Arbeit und Plan als hinter ihr verborgen voraussetzt.«

Wieviel naturwissenschaftliche wie auch geistliche Blindheit gehört doch dazu, hinter den komplexen Codierungen, Übersetzungsmechanismen und Produktionsanweisungen des Lebens nur den Zufall zu sehen. Es mag hart klingen, aber die Bibel lehrt uns, daß Menschen, die Gott in seiner Schöpfung nicht sehen wollen, hierin in ihrer Erkenntnis noch **unter** dem Vieh stehen:

»Frage doch das Vieh, daß es dich belehre,
die Vögel des Himmels, daß sie dir kundtun,
oder das Wild des Feldes, daß es dich belehre,
und dir sollen erzählen die Fische des Meeres.
Wer wüßte es nicht unter diesen allen,
daß die Hand des Herrn dies gemacht hat?«
(Hiob 12, 7–9; Zürcher Übersetzung)

# 10. Mathematische Einwände gegen die Evolutionslehre

Die Mathematik ist wohl die älteste unter den Wissenschaften und nimmt insofern eine Sonderstellung ein, da ihre Objekte abstrakter Natur sind, womit die große Sicherheit ihrer Methoden und Aussagen verbunden ist. Sie wird oft als die **exakteste** Wissenschaft bezeichnet. Ohne Zweifel hat die Mathematik durch die Naturwissenschaften bedeutende Impulse empfangen, und umgekehrt ist ein Fortschritt vieler Naturwissenschaften ohne mathematische Begriffsbildungen und Methoden kaum vorstellbar. Durch die Quantifizierung (mathematisch beschreibbar machen) eines Problems gewinnt man weit mehr Vorstellung davon als würde man es nur global beschreiben. Die Mathematik kann uns darum eine Fülle von Einsichten liefern, die die Unzulänglichkeiten der Evolutionstheorie offenbaren.

## 10.1. Evolutionsschritte und Wahrscheinlichkeit

*H. Sandon* setzt sich in seinem Aufsatz »Cosmic Conversation« (New Scientist vom 31. März 1966) mit den Theorien einzelner Astrophysiker auseinander, die intelligentes Leben außerhalb unseres Sonnensystems vermuten. Er kommt zu folgenden Schlußfolgerungen:

1. Es besteht wenig Zweifel darüber, daß der Evolutionsprozeß, der zur ersten Zelle führte, genauso lang war und genauso viele unwahrscheinliche Zufälle voraussetzt, wie die gesamte Evolution des Pflanzen- und Tierreiches, die darauf folgte.
2. Die geologische Zeitskala ist vielleicht sehr lang, aber gemessen an der Unwahrscheinlichkeit der Folge von

Zufällen, die zu der Entstehung der Zellen führten, ist sie sehr kurz.

Bemerkenswert ist nun sein **mathematischer Ansatz:** Angenommen, der Weg von der organischen Ursuppe bis zum modernen Industriemenschen erfordere nur 100 kritische Evolutionsschritte, und bei jedem dieser Schritte gäbe es zwei verschiedene Möglichkeiten, dann betragen die Wahrscheinlichkeiten der einzelnen Schritte:

1. Schritt:  $1 : 2^1 = 1 : 2$
2. Schritt:  $1 : 2^2 = 1 : 4$
3. Schritt:  $1 : 2^3 = 1 : 8$
4. Schritt:  $1 : 2^4 = 1 : 16$

.

.

.

100. Schritt:  $1 : 2^{100} = 1 : 10^{30}$

Die Wahrscheinlichkeit des Endergebnisses beträgt bei diesen sehr wenig angenommenen Schritten $1 : 10^{30}$; das ist eine Zahl, die sich verhält wie $1 : (1$ Million $\cdot$ 1 Million $\cdot$ 1 Million $\cdot$ 1 Million $\cdot$ 1 Million$)$ = $1 : (1$ Million$)^5$. Teilt man das evolutionistisch angenommene Erdalter von rund 4 Milliarden Jahre durch die 100 Schritte, so kommt man auf 40 Millionen Jahre. Nun sind nach der Evolutionstheorie aber in 40 Millionen Jahren viel mehr solcher Schritte als nur einer nötig, so daß die oben genannte Wahrscheinlichkeit in Wirklichkeit noch weitaus geringer ist. Es ist erstaunlich, daß eine solche Rechnung gerade von einem Wissenschaftler aufgestellt wird, der selbst Evolutionist ist. An Hand von überzeugenden Zahlen weist er nach, wie unglaublich unwahrscheinlich es ist, daß auf der Erde zufällig Leben entstanden ist. Nach neueren naturwissenschaftlichen Fakten haben wir es mit einer sehr »jungen« Erde [31] zu tun, so daß die Rechnung eine Evolution völlig ausschließt.

142

Aber selbst bei großzügigen Altersangaben der Erde ist die Zeit dennoch viel zu gering, um solche Unwahrscheinlichkeiten wie die zufällige Entstehung des Lebens zuzulassen. *Eugene Guy* [74] wies mathematisch nach, daß das Alter der Erde nur einen Bruchteil der Zeitspanne beträgt, die die Bildung eines ersten Proteinmoleküls durch Zufall erfordert. Für eine Serie weiterer Zufälle brauchte man viele weitere Milliarden von Jahren, vorausgesetzt, daß so etwas überhaupt möglich ist. Auch der Evolutionist *J. D. Bernal* (Buch »Origin of Life«) gibt die Zeitproblematik offen zu: »Selbst ein so grundlegender Mechanismus wie die Photosynthese, die es notwendigerweise recht bald nach dem Anfang gegeben haben muß, impliziert komplexe Vorgänge in den Chloroplasten, die die Bildung von Dutzenden spezifischer **Enzyme*** erfordern.«

## 10.2. Mutationen – Motor der Evolution oder der Degeneration?

Die Beibehaltung des Informationsgehaltes der Gene bei der identischen Verdoppelung der genetischen Information ist die wesentliche Grundlage des Vererbungsvorganges. Das Konzept der Informationsübertragung ist so angelegt, daß der Kopiervorgang möglichst fehlerfrei verläuft. Darum enthält jeder einzelne der beiden Stränge eines DNS-Moleküls bereits die vollständige genetische Information. Der zweite ist somit durch den ersten vollständig festgelegt und kann als komplementärer Gegenstrang (etwa wie Positiv und Negativ in der Photo-

---

* Enzyme sind von der lebenden Zelle erzeugte organische Katalysatoren, die die chemischen Vorgänge in den Organismen ermöglichen; sie verbinden sich intermediär (zwischenstufig) mit dem Substrat, das sie verändern, werden aber nach Ablauf der Reaktion freigesetzt.

graphie) aufgefaßt werden, der damit eine stark gesteigerte Stabilität für das DNS-Molekül bewirkt. Solange nur einer der beiden Stränge betroffen ist, besteht sogar die Möglichkeit von Reparaturen (repair) in der DNS-Struktur. Dennoch kommt es vor, daß bei den Informationsübertragungsprozessen ungerichtet und zufällig Fehler auftreten. Diese Fehler werden als Mutationen bezeichnet.

Die Häufigkeit der Mutationen **(Mutationsrate)** ist von größter Wichtigkeit für alle Evolutionstheorien, da man der Ansicht ist, daß die Mutationen das »Rohmaterial« für die Evolution darstellen. Die Chance, daß ein Gen mutiert, beträgt höchstens $10^{-4}$, d.h. ein Zehntausendstel (nach Meyers Enzyklopädischem Lexikon, Band 6, Mutationssatz $10^{-4}$ bis $10^{-9}$). Evolutionstheoretiker nehmen an, daß höchstens eine von tausend Mutationen ihrem Träger einen Vorteil bringt. Damit kann also bei günstiger Rechnung nur jeder ($10^{-4} \cdot 10^{-3} = 10^{-7}$) zehnmillionste Reproduktionsschritt eine erfolgreiche Veränderung erwarten lassen. An Populationen mit 10 Millionen Individuen gemessen bedeutet das eine Erfolgschance von einem Individuum pro Generation. Dies ändert sich aber drastisch, wenn bei funktionell voneinander abhängigen Merkmalen mehrere Gene gleichzeitig geändert werden müßten, um einen Erfolg zu ergeben. Jedes Merkmal ist aber das Produkt einer erfolgreichen Zusammenarbeit von Dutzenden, wahrscheinlich sogar von Hunderten von Genen. Es ist bekannt, daß gemäß- *Bild 10* vor allem bei höheren Organismen ein einziges Gen meistens **pleiotrop** ist, d.h. auf viele Merkmale einen Einfluß hat, und gleichzeitig, daß alle Merkmale **polygen** sind, d.h. von vielen Genen gleichzeitig bestimmt werden [67]. Die Verknüpfungen von Gen und Merkmal sind äußerst kompliziert. So wie die Chance, bei mehreren Würfeln (n) gleichzeitig eine Sechs zu erhalten, mit der Potenz von n rapide abnimmt, nämlich $(1/6)^n$, so sinken

144

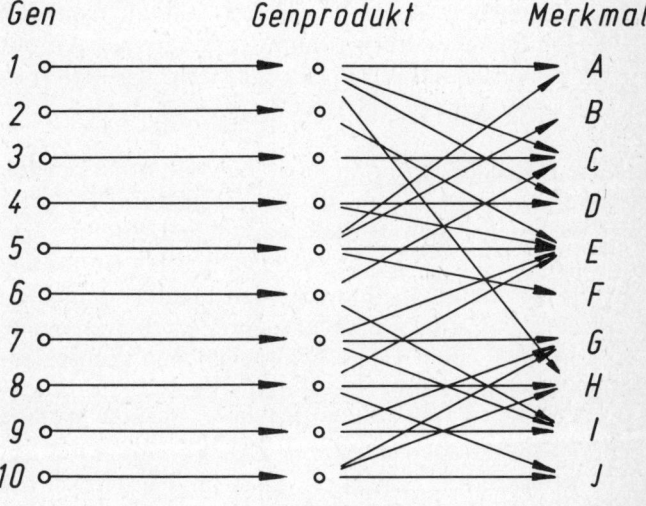

Bild 10: Beziehungen zwischen Gen und Merkmal. Ein Gen (bzw. der von ihm erzeugte Wirkstoff, das Genprodukt) kann mehrere Merkmale beeinflussen und umgekehrt kann ein Merkmal von vielen Genen beeinflußt werden.

die Chancen bei mehreren, an einem Merkmal beteiligten Genen, zufällig einen Vorteil zu erhalten, sehr rasch ins Unwahrscheinliche. Bei zwei, drei oder zehn Genen liegen die Zahlenwerte bereits bei $(10^{-7})^2$, also $10^{-14}$ bzw. $(10^{-7})^3 = 10^{-21}$ oder $(10^{-7})^{10} = 10^{-70}$. Auch bei Riesenpopulationen mit gewaltigen Reproduktionsmengen ist somit auf zufälliger Basis keine Merkmalsverbesserung zu erreichen. Weiterhin ist noch zu bedenken, daß ein angenommener Entwicklungsvorgang einer Art mit langer Lebensdauer sich noch sehr viel langsamer vollzieht als bei kurzlebigen Arten.

Zwischen zufälligen Mutationen, die von Evolutionisten zusammen mit Selektion als die »Konstrukteure« der Evolution angesehen werden, und zielgerichteten Verbesserungen durch **Zucht** oder natürliche Entfaltung müssen wir deutlich unterscheiden. Durch geplanten Zuchtaufwand unter Beachtung der Vererbungsgesetze sind **innerhalb einer Art** nach vorgegebenen Wunschkriterien bei Pflanzen und Haustieren teilweise ganz erhebliche Verbesserungen erzielt worden. So hat man bei Futterpflanzen und Getreidesorten z. B. Varianten mit hohen Ernteerträgen gezüchtet. Auch im Tierbereich hat man nach vorgegebenen Zielkriterien nennenswerte Erfolge erreicht wie z. B. Pferde mit guten Laufeigenschaften (schnelle Rennpferde), Rinder mit hohen Milcherträgen, Schweine mit kurzer Mästzeit und geringem Speckanteil. Taubenzüchter sind häufig geradezu Meister der Züchtung von Varianten mit unterschiedlichster Gefiederstruktur. Es bleibt jedoch festzuhalten, daß bei jeder Züchtung keine neuen Arten im Sinne evolutionistischer Übergangsformen entstanden sind, denn Rinder mit hohen Milcherträgen sind Rinder geblieben und alle Zuchttauben wie verschiedenfarbige Pfautauben, die Kropftaube oder die Jakobinertaube mit ihren bizarren Gefiederformen sind ebenfalls Tauben geblieben und nie zu Enten geworden. Die Artgrenze kann nicht über-

146

sprungen werden. In allen Fällen wird lediglich die zwar oft recht große **genetische Streubreite** innerhalb einer Art ausgenutzt. Die gesamte genetische Information wird aus bereits vorhandenem Erbgut ausgewählt und kombiniert, es wird aber keine prinzipiell neue erzeugt. Wenn man Hochzuchtsorten sich selbst überläßt, »verwildern« sie, d. h. sie nehmen wieder die einfache Wildform an. Diese allgemeine Tendenz zur Degeneration hin ist auch der Grund, warum die Pflanzenzüchter mit viel Aufwand an Forschung und Geld Erhaltungszucht betreiben müssen [31]. Auch die von den Evolutionisten mit Pünktlichkeit zitierten Darwinfinken auf den Galapagosinseln stellen keine evolutionistische Höherentwicklung dar, sondern sie entspringen ebenfalls der genetischen Streubreite jener Information, die der Schöpfer am Anfang jeder Art mitgegeben hat. Die Isolation der Finken auf den verschiedenen Inseln bewirkte zwar, daß sie sich nicht untereinander kreuzen konnten, aber trotz unterschiedlicher Schnabelformen sind sie dennoch Finken geblieben.

## 10.3. Proteine durch Zufall

*R. W. Kaplan* stellt die sehr interessante Frage nach der Herkunft der richtigen Aminosäuresequenz in einem Kettenmolekül (z. B. Enzym) [51]:
»Extrapolieren wir die lange Geschichte des Lebens zurück, so mußte ein erster Organismus, der abiotisch entstanden war und also keine Vorfahren hatte, ebenfalls ein Besteck an funktionsfähigen Proteinen und zugehörigen Genen besitzen, und sei es noch so einfach und noch so kümmerlich funktionierend. Woher hatte er die ›richtigen‹ Sequenzen erhalten, wenn er sie nicht ererbt haben konnte?«

147

Woher kamen also die Proteine bevor es Leben gab, das die Proteine synthetisierte? *Kaplan* steht vor der Wahl zweier Möglichkeiten der Informationsentstehung: es gibt, wie er es nennt, »einen übernatürlichen Informationsgeber, der die abiotische Polymersynthese entsprechend gelenkt« hat oder aber entstehen Funktionssequenzen rein zufällig in der Menge der abiotisch (ohne Leben) gebildeten Moleküle. Ist die letztere Chance sehr klein, dann sind beide Antworten »mit keiner wissenschaftlichen Methode zu unterscheiden«. Eine mathematische Behandlung des Problems zeigt, daß die Entstehung eines bestimmten Enzymmoleküls durch zufälliges Verketten von Aminosäuren eine unermeßlich niedrige Wahrscheinlichkeit hat. Nehmen wir an, die Polymerisationskette sei 100 Glieder lang und jedes Glied könnte aus einer beliebigen von den 20 in Lebewesen vorkommenden Aminosäuren bestehen, wobei jede Sorte mit gleicher Chance in eine solche Gliedposition einsetzbar ist. Dann ist die Wahrscheinlichkeit dafür, daß **ein** bestimmtes Kettenglied die richtige Aminosäure erhält, $1/20$. Für **zwei** richtige Positionen beträgt der Wert $(1/20)^2 = 1 : 400$, für **10** wäre er $(1/20)^{10} = 1 : 1024 \cdot 10^{10} = 0{,}98 \cdot 10^{-13}$, für die Besetzung aller **100** Positionen beträgt der Wert $(1/20)^{100} = 1 : 10^{130}$. Durch zufällige Anordnungen käme dieses Molekül mit der vorgegebenen Reihenfolge an Aminosäuren unter $10^{130}$ Molekülen im Mittel nur **einmal** vor. Anders ausgedrückt: die mögliche Anzahl, eindeutig durch andere Aminosäurefolgen gekennzeichneter Proteine mit 100 Gliedern beträgt $10^{130}$. Wenn das gesamte Weltall ganz aus Proteinen dieser Art bestünde, könnte man nicht einmal eines von jedem dieser Moleküle darin finden. Nach Wahrscheinlichkeitsberechnungen des Schweizer Mathematikers Prof. *Guy* betrüge die Zeit, die erforderlich wäre, um die zufällige Entwicklung zum eiweißähnlichen Stoff zu bewirken, $10^{242}$ Jahre [33]. Diese unvorstellbare Zahl ist aber selbst unter Verwendung aller

Atome des Universums nicht zu produzieren. Das Weltall enthält etwa $10^{80}$ Atome, von denen die meisten Wasserstoff sind. Bedenkt man, daß die so errechnete Molekülmenge ein Volumen von $10^{110}$ cm$^3$ ausfüllen würde – das ist das 10quadrillionenfache (eine Zahl mit 25 Nullen) des Volumens des ganzen Weltalls – dann kann man etwas davon ermessen, auf welch verlorenen Posten sich die Evolutionstheoretiker begeben haben. Bei dieser Berechnung wurden nur Proteine mit 100 Gliedern betrachtet; andere auch vorkommende, kleinere oder größere Längen (z. B. 250 Glieder) blieben hier unberücksichtigt. Nun mag man vielleicht einwenden, die chemischen Reaktionen verlaufen nicht gleichverteilt, sondern bevorzugt durch katalytisch (einleitend) wirkende Stoffe. Wer so argumentiert, sollte in Erwägung ziehen, daß bei der o. g. Rechnung nur ein einziges Molekül der bestimmten Sorte unter $10^{130}$ anzutreffen ist. Wenn auch durch katalytische Wirkung mehrere gleichartige entstehen würden, so ist damit noch kein Leben »organisiert«. Die Fülle der Proteinmoleküle auf einem Friedhof bewirkt nicht Leben, sondern Verwesung.

Die obigen mathematischen Berechnungen gingen von einer gleichen Wahrscheinlichkeit für die Belegung einzelner Positionen mit Aminosäuren aus. Entspricht das der chemischen Wirklichkeit? Dr. *H. F. Blum,* der selbst Anhänger der Evolutionstheorie ist, gibt uns in seinem Buch »Time's Arrow and Evolution« darauf die Antwort [12]:

»Wie wir bereits gesehen haben, liegt der Wechsel freier Energie für die Herstellung einer peptidischen Bindung derartig, daß im Gleichgewichtszustand und in **Anwesenheit** geeigneter Katalysatoren ungefähr ein Prozent der Aminosäuren zu Dipeptiden (chem. Verbindung zweier Aminosäuren) zusammengeschlossen würden. Die Chancen zur Bildung von Tripeptiden (Verknüpfung dreier Aminosäuren) würden ungefähr ein Hundertstel

149

von jenen zur Bildung von Dipeptiden betragen, und die Wahrscheinlichkeit, ein Polypeptid von nur 10 Aminosäuren als Einheit entstehen zu lassen, würde bei $10^{-20}$ liegen. Die spontane Entstehung eines Polypeptids von der Größe des kleinsten bekannten Proteins erscheint jenseits aller Wahrscheinlichkeit ... Wenn kein Leben existierte, wie entstanden dann Verbindungen, die heute für lebende Systeme absolut unerläßlich sind, jedoch nur von jenen Systemen selbst gebildet werden können?«

Hier ist noch keine Aussage über eine bestimmte Reihenfolge der Aminosäuren gemacht worden. Für ein Polypeptid mit 10 Gliedern in bestimmter Reihenfolge hatten wir die mathematische Wahrscheinlichkeit mit $0{,}98 \cdot 10^{-13}$ ermittelt, die chemische Wirklichkeit der Bildung eines Polypeptids ohne die Einschränkung auf eine bestimmte Sequenz beträgt aber nur $10^{-20}$. Damit liegen wir sogar um mehrere Zehnerpotenzen weit auf der sicheren Seite. Die wirkliche Unwahrscheinlichkeit ist also noch erheblich größer als die mathematisch ermittelte.

Bei *J. Schröder* [88] finden wir eine Zahlenangabe, die in unserem Zusammenhang ebenfalls von Interesse ist: »Nehmen wir an, es hätten sich im Urmeer lebenswichtige Eiweiße aus den 20 verschiedenen Aminosäuren bilden können, dann hätte der Zufall die richtige Aminosäuresequenz erst durch Bildung unzähliger Eiweißmoleküle unterschiedlicher Aminosäuresequenz ausprobieren müssen. Man hat errechnet, daß sich insgesamt $10^{1270}$ ungeeignete Eiweißmoleküle hätten bilden müssen, bis der Zufall eine lebenswichtige Sequenz getroffen hätte.«

Der Evolutionsgedanke einer zufälligen Entstehung des Lebens ist aus naturwissenschaftlichen Gründen abzulehnen. So geben *Remane, Storch* und *Welsch* in ihrem Buch »Evolution« freimütig zu [80]: »Proteine und Nucleinsäuren ... stellen hochkomplizierte organische Verbindungen dar, die nur in lebenden Zellen entstehen. Unter den heute auf der Erde herrschenden Verhältnissen bilden sich diese Verbindungen also nicht außerhalb von Organismen; Leben oder auch nur Vorstufen davon können sich in der freien Natur daher nicht aus anorganischen Stoffen neu bilden.« Diese Aussage bleibt bestehen, obgleich der modernen biochemischen Forschung die Synthese verschiedener einfacher Eiweißbausteine gelungen ist (z.B. *A.F. Butenandt,* * 1903).

## 10.4. Nucleinsäuren durch Zufall

Die gleiche Rechnung können wir nun für abiotisch durch zufällige Musterung entstandene Nucleinsäuren aufstellen. Nehmen wir auch hier wieder zur Vereinfachung der Rechnung an, daß die Einbauwahrscheinlichkeiten für die vier Basensorten in die Kette im Mittel gleich groß sind, dann ergeben sich noch unermeßlichere Zahlen. Für die Codierung einer Aminosäure im Protein sind 3 Nucleotide (Tripletts) in der DNS nötig. Wir haben bereits ermittelt, daß die Menge der möglichen Proteinsequenzen mit 100 Gliedern $10^{130}$ beträgt. Wir wollen nun überlegen, wieviel Nucleotide auf der DNS nötig sind, um ein bestimmtes Protein mit 100 Gliedern zu codieren. Zur Codierung einer Aminosäure mit 4 zur Verfügung stehenden Buchstaben (Basen), aus denen Wörter mit 3 Buchstaben gebildet werden sollen (wer plant das, wenn alles zufällig ist?), sind $4^3 = 64$ Kombinationen möglich. Die Menge der zugehörigen Gene für 100 Glieder ergibt sich dann zu $64^{100} = 10^{180}$. Diese Zahl übersteigt noch bei weitem die o.g. Zahl $10^{130}$ und ist selbst durch Heranziehung astronomischer Zahlenvergleiche nicht mehr anschaulich zu machen. Völlig unvorstellbar werden die Zahlen, wenn man die Gesamtzahl der DNS-Nucleotidpaare pro Zelle gemäß *Bild 7* in eine mathematische Wahrscheinlichkeitsbetrachtung einbezieht. Nach ausführlichen wissenschaftlichen Erörterungen über die DNS-Synthese aus der Sicht der Polymerchemie schreibt Prof. *B. Vollmert* in seinem bemerkenswerten Buch »Das Makromolekül DNS« dazu [96]: »Das weitverbreitete Gerede von einer Chemo-Evolution, die der Bio-Evolution vorangegangen sein soll, entbehrt jeder wissenschaftlichen Grundlage.«

Auch die Vielzahl der biblischen Aussagen prophetischer Art kann man unter dem Aspekt der Wahrscheinlichkeitsrechnung betrachten [32]. Die Ergebnisse solcher Modellrechnungen bestätigen die Wahrheit der Bibel mit Zahlenwerten, deren Größenordnungen weit außerhalb der Reichweite unseres Vorstellungsvermögens liegen und dadurch einen Höchstgrad an Gewißheit vermitteln.

Die Mathematik spricht so sehr gegen die Evolution, daß wir von weiteren Zahlenrechnungen Abstand nehmen wollen. Der Biologe Prof. *Conklin* von der Princeton-Universität hat die Unwahrscheinlichkeit einer zufälligen Entwicklung des Lebens so ausgedrückt [33]: »Die Wahrscheinlichkeit, daß das Leben durch Zufall entstanden ist, ist vergleichbar mit der Wahrscheinlichkeit, daß ein vollständiges Wörterbuch das Ergebnis einer Explosion in einer Druckerei ist.«

# 11. Was ist Leben?

## 11.1. Das Leben aus naturwissenschaftlicher sowie evolutionistischer Sicht

Von dem Dichter *E. Geibel* (1815–1884) stammt das Wort: »Ein ewig Rätsel ist das Leben, und ein Geheimnis bleibt der Tod.« Die Naturwissenschaft versucht herauszubekommen, woher das Leben stammt [101]. Aber selbst die Beantwortung der Frage, was das Leben denn eigentlich ist, bereitet schon größte Schwierigkeiten; und es gibt hier weder eine einheitliche noch eine befriedigende Auskunft.

So finden wir in »Brockhaus Enzyklopädie 1970, Band 11, S. 225« die folgende Definition: »**Leben** ist ein für Lebewesen eigentümliches Geschehen, das sich von der unbelebten Natur nicht ausreichend durch einzelne Merkmale, sondern nur als ein komplexes System von Eigenschaften unterscheiden läßt.« Als typische Merkmale werden genannt: Individualität, chemische Zusammensetzung, Baugefüge, Stoff- und Energiewechsel, Bewegung, Reizbarkeit, Fortpflanzung, Vererbung, Entwicklung.

*L. v. Bertalanffy* [9] schreibt hingegen: »**Leben** ist nicht eine Eigenschaft einer bestimmten chemischen Verbindung, einer lebenden Substanz oder eines lebenden Moleküls, noch ist es eine Form der Energie, die physikalischen Wesenheiten innewohnt oder zwischen ihnen übertragbar ist, wie Schwerkraft, Elektrizität und Wärme. Vielmehr wird die Erscheinung des Lebens ausschließlich in individualisierten Systemen, ›lebende Organismen‹ genannt, vorgefunden ... Viele Biologen sind geneigt, gewissen Molekülen – denen der sogenannten

153

DNS – die Stellung eines lebenden Moleküls beizumes-
sen.«

Bei *Kaplan* finden wir eine Charakterisierung des Lebens, die an eine Beschreibung einer Maschine erinnert
[51]: »Alle Lebensprozesse, auch die vielfältigen speziellen, haben letztlich diese 3 Effekte: Sie ›dienen‹ der Erhaltung, der Vermehrung und dem Erbwandel der lebenden Gebilde. Leben ist also charakterisiert durch
Prozesse, durch Aktivitäten, welche diese 3 Grundfunk-
tionen haben, sowie die Grundstruktur ›Zelle‹, d. h. eines
kleinen begrenzten Stücks von Substanz, von ›Protoplasma‹, an und in dem sich diese elementaren Prozesse
vollziehen … **Leben** ist also der Effekt eines Systems aus
verschiedenen Teilen, die in einer bestimmten Ordnung
zusammenwirken.«

Dieses Zusammenspiel vieler Einzelkomponenten zu einem Ganzen (Zelle, Organismus) erfährt bei *v. Bertalanffy* noch insofern eine Differenzierung, da er von einer
dynamischen Ordnung spricht [9]: »**Lebende Systeme**
erhalten sich in fortwährendem Wechsel ihrer zusam-
mensetzenden Teile. Ein Kristall oder eine Maschine
sind Anordnungen von beharrenden Teilen. Jedes lebende System ist eine dynamische Ordnung, in der Teile
fortwährend ausgetauscht werden, und die sich im Wech-
selspiel von Prozessen erhält.«

*Laskowski* und *Pohlit* [61] definieren das Leben als eine
physikalische Maschine, die in der Lage ist, Entropie zu
senken:
»**Leben** zeichnet sich dadurch aus, daß seine Gegenwart
in einem abgeschlossenen System eine Reduktion der
Entropiezunahme pro Zeiteinheit bewirkt … Lebewesen stellen komplizierte Systeme dar, die über gekop-
pelte Flüsse in der Lage sind, aus der Umgebung Energie
aufzunehmen und damit ihren Entropiegehalt zu ver-

154

kleinern. Sie sind damit in der Lage, Reaktionen durchzuführen, die einerseits in der unbelebten Natur nicht zu beobachten sind, andrerseits aber vollständig mit den bekannten Gesetzmäßigkeiten der unbelebten Natur erklärt und quantitativ beschrieben werden können . . . Die Fähigkeit belebter Systeme, sich intensiv auszubreiten, setzt aber eine Eigenschaft voraus: Die Fähigkeit, Informationen zu speichern und bei den Vermehrungsprozessen weiterzugeben. **Leben** ist also als eine Eigenschaft eines Systems anzusehen, das in geeigneter Umwelt einen reduzierten Entropiezuwachs bewirkt und Informationen über seine eigene Struktur speichern und weitergeben kann.«

Der Evolutionist *M. Calvin* (Dep. of Chemistry and Chemical Engeneering, Berkeley, California) erkennt die Schwierigkeiten einer materialistischen Lebensdefinition, obwohl er einen Aufsatz über den Ursprung des Lebens schreibt [19]:

»Bisher unterließ ich, was die meisten ›Spekulatoren‹ auf diesem Gebiet tun, nämlich zu definieren, was Leben an und für sich ist, also was das ist, dessen Ursprung wir zu beschreiben versuchen. Und natürlich ist das die Fallgrube, in die die meisten gestürzt sind, die auf diesem Gebiet spekulieren. Sie haben versucht, zu einfach und zu genau zu definieren, d. h. sie meinen, das Leben müsse eine bestimmte Gruppe von Eigenschaften haben, um diesen Namen zu verdienen. Darin liegt, glaube ich, die Schwierigkeit; sie stellen sich eine **unlösbare Aufgabe.**«

Diese Aussage ist sehr bemerkenswert: Man weiß nicht einmal, was das Wesen des Lebens ist, aber zu der viel schwierigeren Frage nach der Herkunft des Lebens sagt man selbstsicher [104]: »Die Evolution hat stattgefunden – darüber wird . . . nicht mehr diskutiert.« Mit welch einem merkwürdigen Gedankenphänomen haben wir es doch hier zu tun!

Unter den Evolutionisten gibt es aber auch realistischere Auffassungen, die erkennen lassen, daß physikalische und chemische Vorgänge noch nicht das Leben ausmachen. Hierzu zählen z.B. *Remane, Storch* und *Welsch* [80]:

»Nun besteht aber zwischen organischen Verbindungen und Lebewesen ein sehr großer Unterschied. Lebende Organismen sind durch eine Reihe von Merkmalen charakterisiert, die **nur** ihnen zukommen. Sie bestehen aus Stoffen, die in der unbelebten (d.h. anorganischen) Natur nicht auftreten, z.B. Eiweißen (Proteinen), Kohlenhydraten, Fetten und Nucleinsäuren. Lebende Organismen besitzen ... eine zelluläre Organisation, sind durch Stoff- und Energiewechsel ausgezeichnet, können sich fortpflanzen und sind reizbar, d.h. sie können auf Umweltveränderungen aktiv mit Erregungen antworten ... Das Leben ist nun aber nicht ein unkontrolliertes Nebeneinander von Stoffen, auch nicht von so komplizierten wie Nucleinsäuren, die sich selbst verdoppeln (replizieren) können und Proteinoiden mit Enzym- und Hormoncharakter. Wesentlich ist, daß sich diese Bestandteile zu individualisierten Gebilden organisieren, zu Zellen, die sich selbst erhalten können (Stoffwechsel) und sich vermehren (Fortpflanzung). Wie dies möglich war, wissen wir bis heute nicht.«

Im weiten Feld evolutionistischer Auffassungen gibt es auch solche, die den Evolutionsgedanken bereits in die Definition für das Leben mit einbauen. Hier wird die spekulative Struktur der Evolutionstheorie besonders offenkundig. So legt man die vorgefaßte Meinung, die man eigentlich beweisen möchte, bereits in die Begriffsbestimmung hinein. Auf diese Weise haben sich die Evolutionisten ein Perpetuum mobile konstruiert: Es ist ein Gedankenkonzept, das sich **selbst** antreibt. Seit etwa 40 Jahren lehnen die Patentämter physikalisch-technische **Perpetuum-mobile-**Konstruktionen ab, da sie im Widerspruch zu den Hauptsätzen der Thermodynamik stehen. Nur ihre »Erfinder« halten unbelehrbar an ihrer Idee fest, die sich aus prinzipiellen naturwissenschaftlichen Erwägungen nie realisieren läßt. Dem Verfasser will scheinen, daß die Evolutionsidee sich auf gleichem Pfad bewegt. So finden wir bei *T. v. Randow* eine Definition für das Leben, die das anschaulich belegt und sich an die Aussagen des russischen Biologen *Oparin* anlehnt [36]:

»Ein molekulares System lebt,
- wenn es zu einem Stoffwechsel fähig ist,
- wenn es sich reproduzieren, also Kopien seiner selbst herstellen kann, und
- wenn es der Mutation fähig ist, das heißt bei der Reproduktion seiner selbst nicht immer exakte Kopien, sondern hin und wieder solche mit kleinen Abweichungen herstellt, mit ›Fehlern‹, die an die nächsten Generationen weitergegeben werden.

Kürzer: Ein System lebt, wenn es zur Evolution durch natürliche Auslese fähig ist. Natürliche Auslese bedeutet Überleben des Bestangepaßten.«

Der im Bereich der Evolution so typische Zirkelschluß ist auch hier offenkundig.

All die genannten Zitate zeigen, daß die Biologie uns kein vollständiges Bild von der Wirklichkeit des Lebens liefern kann. Wenn *Monod* sagt [68]: »Die Lebewesen sind chemische Maschinen«, dann ist damit ja nur ein Teilaspekt beschrieben. Physikalisch-chemische Prozesse sind für das Leben **notwendig,** aber **nicht hinreichend.** Der Zoologe Prof. *R. Schubert-Soldern* äußert sich wie folgt [71]: »Das Leben verdankt sein Dasein einem Prinzip, das der Materie fremd ist; der zweckmäßige Charakter des Lebenslaufes läßt erkennen, daß die causa des Lebensprinzips das Leben final intendiert (zweckbestimmt beabsichtigt) hat.« Auch der Zoologe *A. Portmann* gibt zu bedenken, daß mit naturwissenschaftlichen Methoden das Leben nicht zu erfassen ist [78]:

»Angesichts der großen Erfolge, welche die Methoden der Physik und Chemie seit ihrer konsequenten Anwendung verwirklicht haben, hoffen die optimistischsten unter den Erforschern des Lebendigen, an die ich jetzt vor allem denke, durch die Ausweitung der physikalisch-chemischen Arbeitstechnik sei auch das Leben demnächst zu durchschauen. Doch ist die Ergründung der Strukturen der lebendigen Wesen und der Funktionen dieser Strukturen noch so weit vom erhofften Endziel, daß in unserer Zeit im Grunde noch niemand von einem Forscher den Beweis für die Verwirklichung seiner letzten Hoffnungen erwartet ... Die Tatsachen, die wir als ›Leben‹ kennen, erscheinen in letzter Sicht als unfaßbar, wie weit der Forscher auch ins einzelne vorstoßen mag und wie dringend diese Forschung die Notwendigkeit fortschreitenden Erkennens erlebt ... Der notwendige Weg über eine allgemeine weiteste Erforschung des Lebens führt uns vor die Tatsache, daß der Ursprung des Lebens letztlich ein Geheimnis ist.«

Der Atheist *J. D. Bernal* gibt offen zu [74]: »Es wäre einfacher zu diskutieren, wie das Leben nicht entstanden ist, als wie es entstanden ist.« Dabei ist noch zu bemerken, daß zwischen einer Bakterienzelle und den höheren Lebewesen gewissermaßen astronomische Differenzen liegen. Vom Tier zum Menschen hin liegt aber mindestens noch einmal eine solche Spanne. Nur der Mensch ist mit dem Geist ausgestattet.

*Thomas Carlyle* rief einmal auf einem Biologenkongreß, der über die Abstammungslehre verhandelte, in die Versammlung hinein [92]: »Meine Herren, Sie stellen den Menschen um ein weniges höher als die Kaulquappe. Ich halte es mit dem alten Psalm: ›Du hast ihn wenig niedriger gemacht denn Gott‹ (Ps. 8, 6).« Die evolutionistische Gleichschaltung von Mensch und Tier hat *J. Illies* treffend formuliert [44]: »Die Evolutionslehre setzt den

Menschen einem Wurm gleich; einem Wurm, dem man zweihundert Millionen Jahre Zeit lassen mußte, bis er sich durch den Staub gewühlt hatte, sein Haupt hebt und sich ›Homo sapiens‹ nennt.«


## 11.2. Das Leben aus philosophischer Sicht

Unter Philosophie versteht man jede Bemühung um ein Verständnis von Struktur und Sinn der Dinge, wobei dies **allein** mit Hilfe der menschlichen Vernunft geschieht. Obwohl die Philosophie einst aus religiöser Weltdeutung hervorging, so lehnt sie für sich selbst jede Berufung auf übermenschliche Offenbarung ab.

Im Bereich der Philosophie hat jede Zeitepoche erneut Gedanken über das Leben angestellt. Ihre Deutungen sind bestimmt durch die gegensätzlichen Positionen wie die des Idealismus, Materialismus, Mechanismus, Positivismus und Vitalismus. Aus den verschiedenen Grundauffassungen ergeben sich unterschiedliche Verständnisse über das Wesen des Lebens schlechthin wie auch des Verhältnisses von Geist und Materie. Der Rationalismus gelangte im 17. Jahrhundert zu einer rein kausalmechanistischen Erklärung des Lebensgeschehens. Der Materialismus der franz. Aufklärung des 18. Jahrhunderts verengte die Sicht auf die materielle Komponente. Die »Maschinentheorie« wurde zum Erklärungsprinzip des Lebens erhoben. Die Evolutionstheorien mit ihrer Reduktion der Lebensdeutung auf rein physikalischchemische und biomolekulare Prozesse zeigen uns somit deutlich ihre spekulativ-philosophischen Wurzeln an, die zum naturwissenschaftlichen Materialismus führten. So ist es leicht zu verstehen, warum *Karl Marx* sein Buch »Das Kapital« *Ch. Darwin* widmen wollte. Mit einer Bemerkung des pessimistischen Philosophen *Eduard von Hartmann* (1842–1906), der den Menschen als »Hautkrankheit der Erde« bezeichnete, wollen wir die philosophischen Betrachtungen beenden. Da die Philosophie einzig »gegründet ist auf der Menschenlehre (Kol. 2, 8)«, kann sie uns über das Wesen des Lebens **keine hinreichende Antwort** geben.

## 11.3. Das Leben aus biblischer Sicht

Wir haben gesehen, daß weder die Naturwissenschaften noch die Philosophien uns erschöpfend sagen können, **was** Leben wirklich ist. Das gilt insbesondere für die Herkunft des Lebens. Es liegt im Wesen der Wissenschaft, daß sie über erste Ursprünge nichts sagen kann. Die wissenschaftlichen Erkenntnis- und Erklärungsmöglichkeiten reichen nur so weit, wie die Materie sich wägen und messen läßt. Wollen wir mehr erfahren, dann müssen wir uns **zur Quelle hin** begeben, und diese Quelle ist Gott: »Denn bei dir ist die Quelle des Lebens, und in deinem Licht sehen wir das Licht (Ps. 36, 10).« Es hängt von uns ab, ob wir vor diesem Licht die Augen verschließen, oder ob wir mit geöffneten Augen des Glaubens die Wahrheit erfahren. Prof. *Niedermeyer* sagte [71]: »Wer nicht sehen will, dem ist nicht zu helfen. Der Blinde mag annehmen, daß kein Licht existiert. Nur darf er seine Meinung nicht dem Sehenden aufdrängen. Am allerwenigsten hat er das Recht, sich auf die Wissenschaft zu berufen.« So ist das Wort Gottes nur durch Glauben zu begreifen. Wenn man die Bibel nicht als das eingegebene Wort Gottes annimmt und glaubt, was Gott uns darin mitteilt, wird man auch von der Schöpfung nichts begreifen. Es ist aber »alle Schrift von Gott eingegeben, nütze zur Lehre (2. Tim. 3, 16).«

In nur drei Versen des 1. Kapitels der Bibel werden drei Probleme gelöst, die zu den großen Rätseln der Naturwissenschaft gehören:

1. Ursprung der Materie (Vers 1).
2. Ursprung des beseelten Lebens (Vers 21).
3. Ursprung der menschlichen Vernunft (Vers 27).

Nur an diesen drei Stellen von 1. Mose 1 kommt das hebräische Wort **»bara«** (erschaffen, engl.: created) vor, das die Erschaffung von etwas Einzigartigem bedeutet und ausschließlich für die Tätigkeit Gottes verwendet wird. »Bara« weist wesensmäßig auf etwas Einzigartiges und prinzipiell Neuartiges hin, das noch nicht da war und das auch nicht noch einmal geschaffen wird. Es ist in diesem Zusammenhang darauf hinzuweisen, daß für die Bildung der Pflanzen nicht das Wort »bara« verwendet wird, während es bei der Erschaffung der lebendigen Wesen benutzt wird. Dadurch wird deutlich, daß Pflanzen keine lebendigen Wesen oder Seelen sind im Gegensatz zu den Tieren. Die materialistische Naturauffassung macht diese fundamentale Unterscheidung nicht; für sie sind chemische Prozesse und DNS-Moleküle lebenscharakterisierende Merkmale. Ein weiterer markanter Punkt ist das Thema Tod. Vor dem Sündenfall gab es keinen Tod, denn: »Derhalben, wie durch einen Menschen die Sünde ist in die Welt gekommen und der Tod durch die Sünde (Röm. 5, 12).« In 1. Mose 1, 29–30 lesen wir, daß Gott in der Schöpfungsordnung bis zum Sündenfall nur pflanzliche Nahrung vorgesehen hatte. Pflanzen »sterben« in gewisser Weise auch, wenn sie gegessen werden und doch ist dieses wesensmäßig etwas völlig anderes als der Tod eines beseelten, bewußten Geschöpfs.

Mit dem 5. Schöpfungstag hielt eine ganz neue Art von Leben ihren Einzug (Wasser- und Lufttiere), zu denen am 6. Schöpfungstag noch die Landtiere hinzukamen.

Als ein besonderes Kennzeichen der blutführenden Tiere wird die Seele genannt: »Esset das Fleisch nicht, das noch lebt in seinem Blut (1. Mose 9, 4)«, »Denn des Leibes Leben ist im Blut (1. Mose 17, 11)«. Damit ist ein weiterer wichtiger Unterschied zu den Pflanzen genannt, der bei den Evolutionisten überhaupt nicht auftaucht. *W. J. Ouweneel* schreibt [73]: »Der Ausdruck ›lebendige Seele‹ ist ein Sammelwort für die lebendigen Wesen, also für die lebendigen Organismen, die Bewußtsein und Gefühle besitzen.«

Insbesondere beim Menschen ist die **Seele** (hebr. nefesch; griech. psyche) sowohl der Sitz des natürlichen Lebens als auch der Gefühle wie Liebe, Freude, Traurigkeit, Begierden und der Persönlichkeit. Obwohl Mensch und Tier eine Seele haben – beide besitzen Bewußtsein und Gefühl – besteht doch ein riesiger Unterschied: Das Tier wurde eine lebendige Seele durch das Befehlswort Gottes, dem Menschen hingegen blies Gott den Lebensodem ein, dadurch »ward der Mensch eine lebendige Seele (1. Mose 2, 7).« Der biblische Ausdruck für Seele umspannt beim Menschen beides: Er **ist** eine Seele (das Sein des Menschen) und er **hat** eine Seele (Willens- und Gefühlskraft, symbolisch als Herz bezeichnet). Im Gegensatz zum Tier ist die Seele des Menschen durch den Eintritt des leiblichen Todes nicht sterblich (Matth. 10, 28; Off. 6, 9).

Der markanteste Unterschied zwischen Mensch und Tier ist allerdings der, daß nur der Mensch durch den Besitz des **Geistes** geadelt ist. So besteht der Mensch aus den drei Komponenten Geist, Seele und Leib (1. Thess. 5, 23). Gott selbst ist Geist (Joh. 4, 24), er schuf den Menschen zu seinem Bilde (1. Mose 1, 27) und hat des Menschen Geist in seinem Innern gebildet (Sach. 12, 1). »Eine Leuchte des Herrn ist des Menschen Geist (Spr. 20, 21)«, das kann nur vom Menschen gesagt werden, und das befähigt ihn trotz mancherlei körperlicher Unterlegenheit gegenüber den Tieren – der Adler sieht besser, der Löwe ist stärker und der Gepard ist schneller – zur Herrschaft über die ihm anvertraute Schöpfung. *S. Buchholz* schreibt [15]: »Geist wurde nur dem Menschen gegeben, er ist das primäre Kriterium des Mensch-Seins, er ist vielleicht das wichtigste Kriterium seiner Gott-Ähnlichkeit, ist das Vermögen zur Herrschaft, das der Mensch von Gott als Mandat besitzt.« Die Besonderheit bei der Schaffung des Menschen wird auch durch die Verwendung des hebräischen Verbs **»bara«** (1. Mose 1, 27) deutlich. Es tritt damit eine neue Qualität des Lebens auf den Plan. Außerdem werden noch zwei andere Schöpfungsverben in 1. Mose 1–2 für den Menschen verwendet:

1. hebr. **asah** (1. Mose 1, 26): Das entspricht dem englischen Wort »made«, das »machen« bedeutet. Dies ist der allgemeine Ausdruck in 1. Mose 1 für die Bereitung neuer Dinge, ohne dabei das wesentlich Neue hervorzuheben. So »machte« Gott die Gestirne, nachdem die Materie bereits vorhanden war, die Landtiere nachdem lebendige Tiere bereits geschaffen waren, den Menschen nachdem beseelte Tiere schon existierten.

2. hebr. **jazar** (1. Mose 2, 7): Das entspricht dem englischen Wort »formed« oder dem deutschen »gebildet, geformt«. Dieses Wort bezieht sich auf die besondere Art und Weise wie der Mensch entstand. Im Gegensatz zur übrigen Schöpfung, die auf den Befehl des Wortes Gottes hin entstand, wurde der Mensch eigens von Gott aus dem Erdboden geknetet. Das hebräische Wort »jazar« ist im Alten Testament ein Ausdruck für die Arbeit des Töpfers, der eine vorliegende Rohmasse durch Geschick und Ideenvielfalt formt.

Den drei Schöpfungsverben beim Menschen kann man die folgende dreifache Gliederung zuordnen:

**Geist:** Das völlig Neuartige des Geistes in der Schöpfung wird durch »bara« ausgedrückt.

**Seele:** Da die Seele als erstmalige Existenz schon bei den Tieren auftaucht, genügt »asah« zur Beschreibung des Schöpfungsvorganges.

**Leib:** Daß Gott hier in einziger Weise »Hand anlegt« zur Formung und Bereitung des Leibes wird durch »jazar« bekundet.

Das Leben ist in ganz besonderer Weise dadurch gekennzeichnet, daß es Gott gegeben hat (Jer. 38, 16). Alle naturwissenschaftlichen Erklärungsversuche des Lebens, die von diesem fundamentalen Tatbestand nicht ausgehen, sind schon darum von vornherein wegen zu verengter Sicht zur Unzulänglichkeit verurteilt. Jede solche Lebensdefinition bleibt hoffnungslos im Materiellen stekken. So wird erklärlich, daß der Mensch in der Gottesferne nicht glücklich und zufrieden sein kann, sondern – nach *Monod* als Vagabund am Rande des Universums – umhergetrieben und ewig verloren ist. Gottes liebende Absicht ist es aber, uns ein Leben in Fülle und voller Genüge zu schenken. Dieses Leben ist einzig in seinem Sohn JESUS CHRISTUS zu haben: »Ich bin gekommen, daß sie das Leben und volle Genüge haben sollen (Joh. 10, 10).« Wer ihn findet, der findet das Leben (Spr. 8, 35), und wer CHRISTUS im Glauben annimmt, »der hat das ewige Leben . . . und ist vom Tode zum Leben hindurchgedrungen (Joh. 5, 24).« Dieses in CHRISTUS selbst personifizierte Leben (Joh. 14, 6) ist unvergänglich. Die besondere, aus Gott kommende Qualität des ewigen Lebens wird im Neuen Testament durch das griechische Wort **»zoe«** ausgedrückt im Unterschied zu dem biologischen natürlichen Leben (griech. **bios**).

# 12. Gibt es Leben im All?

Schon immer haben die Menschen darüber nachgedacht, ob es auch außerhalb unserer Erde Leben gäbe. Als es noch keine Astronauten und Raumsonden gab, sprach man z. B. noch von »Marsmenschen«, und selbst nach der Rückkehr von *Armstrong, Aldrin* und *Collins* von ihrem ersten Mondflug wurden sie in Quarantäne gehalten, da man zumindest bakterielles Leben einkalkulierte. Im Sommer 1967 empfingen *J. Bell* und *A. Hewish* (Cambridge, England) periodische Signale aus dem Weltraum, die sich durch ihre präzise Regelmäßigkeit auszeichneten. Man glaubte, Signale aus einem interstellaren Nachrichtensystem intelligenter Wesen empfangen zu haben und belegte diese Wesen mit dem Namen »**Little Green Men** (kleine grüne Männer)«. Später stellte sich heraus, daß es sich bei diesen Radioquellen um einen neu entdeckten Sternentyp handelte. Die fraglichen Objekte erhielten den Namen Pulsare.

Die Frage nach Leben auf anderen Gestirnen wird dem Verfasser nach Vorträgen zu dem Thema »Schöpfung« immer wieder gestellt, darum soll dieses Problem ausgiebig erörtert werden. Aus dreifacher Sicht wollen wir das Thema behandeln:

## 12.1. Die utopische Sicht

Die Phantasie utopischer Schriftsteller unserer Zeit sieht die fernen Welten mit extragalaktischen Intelligenzen bevölkert, die in fliegenden Untertassen (engl. **UFO** = Unidentified Flying Object) oder per Funksignal mit uns in Verbindung treten. Im Jahre 1969 schloß die amerika-

165

nische Luftwaffe eine Untersuchung über UFO's ab, die sich über 22 Jahre erstreckt hatte. Dabei wurden 12 618 Beobachtungen oder angebliche Beobachtungen unter die Lupe genommen. Ein gewisser Teil wurde als Hirngespinste oder absichtliche Irreführungen entlarvt. 95 Prozent der Fälle wurden als Irrtümer gedeutet; man hatte Wetterballons, Meteore, Kugelblitze oder sogar Leuchtkäfer für Fahrzeuge der Bewohner fremder Welten gehalten. Trotz der 8400 Seiten umfassenden Studie bleibt ein unbefriedigender Rest. Vielleicht liegt hierin der Grund, warum begeisterte Ufologen an ihrem »Glauben« festhalten.

Utopische und ufologische Gedankengänge mit schier endloser Phantasie werden in der **»Science-fiction«**-Literatur und in Filmen ausgiebig vermarktet. Abgesehen von einigen Phantasten, Irrlehrern und Scharlatanen wie *Erich von Dänicken* treten die Autoren nicht mit dem Anspruch einer Wirklichkeitsdeutung auf; sie nutzen vielmehr die Sensationslust ihrer Zeitgenossen um des eigenen Gewinns willen aus.


## 12.2. Die evolutionistische Sicht

Zahlreiche spekulative Ideen sind aber auch von evolutionistisch denkenden Wissenschaftlern aufgestellt worden. Diesen Ideen liegt die hypothetische Annahme zugrunde wie sie z.B. der britische Astronom Sir *Lovell* formuliert hat: »Wo Leben möglich ist, da entsteht es auch im Laufe der Zeit.« Als nächstes folgt dann aus der unermeßlichen Zahl der Sonnen im Weltall eine Wahrscheinlichkeitsannahme, wie viele davon wohl ebenso wie unsere Sonne von Planeten umkreist würden. Man nimmt dann weiter an, daß unter den vielen angenommenen Planeten einige Millionen sein müßten, auf denen Leben evolutiv entstanden sein könnte.

166

In einer Zeitungsmeldung hieß es [16]: »Der UNO-Generalsekretär *Kurt Waldheim* sowie Delegierte aus 14 Ländern haben im Hauptquartier der Vereinten Nationen in New York Botschaften an intelligente Lebewesen aufgezeichnet, die die amerikanische Raumsonde *Voyager 1* auf ihrer Reise über das Sonnensystem hinaus möglicherweise trifft.« Diese Möglichkeit wird offenbar so hoch angesetzt, daß Waldheims Botschaft der am 20.8.1977 von Cap Canaveral gestarteten Raumsonde lautete: »Im Namen des Volkes unseres Planeten sende ich Grüße ... Wir machen einen Schritt aus unserem Sonnensystem hinaus in das Universum und suchen nur Frieden und Freundschaft. Wir wollen lehren, wenn wir darum gebeten werden, und lernen, wenn wir Glück haben.«

Ebenfalls in den USA wurde 1978 ein sieben Jahre dauerndes und mit Millionenaufwand zu finanzierendes Vorhaben projektiert, bei dem nach Funksignalen von Lebewesen aus dem All gesucht werden soll [17]. Der inzwischen gekürzte Forschungsauftrag »Suche nach Intelligenz außerhalb der Erde (Search for Extra-Terrestrial Intelligence) soll sich mehr auf das Abhören von Signalen aus dem Weltraum beschränken als auf das Senden eigener Signale. Der Projektleiter *Edelson* glaubt an die Theorie, daß irgendwo in unserer Milchstraße oder in anderen Milchstraßen Leben existieren kann. Ist dieser »Glaube« gerechtfertigt, oder könnte man sich dank besserer Einsicht Geld und Einsatz von vornherein sparen?

Hören wir zunächst darauf, wie auch aus evolutionistischer Weltdeutung die Möglichkeiten stark eingegrenzt sind. »Die Hoffnung, Kontakte mit ›fremden‹ Intelligenzen im Weltraum aufzunehmen oder überhaupt nur Leben anzutreffen, sind schlechter geworden«, heißt es in einem Artikel der FAZ [29], der sich auch mit den Untersuchungen des amerikanischen Astronomen der US-Raumfahrtbehörde NASA, *M. Hart,* befaßt.

Unter den Wissenschaftlern ist man sich darüber einig, daß Leben nur existieren kann, wo es auch Wasser im flüssigen Zustand gibt. Wasser ist aber im Vergleich zur Spannweite der kosmischen Temperaturen nur in einem extrem schmalen Temperaturbereich flüssig. Voraussetzung dafür ist, daß ein Planet weder zu nahe noch zu entfernt um seine Sonne kreist. Nur die Erde bietet in unserem Sonnensystem diese Voraussetzungen. So schreibt *Kaplan* zu diesem Thema [51]: »Weiterhin darf die Größe und damit die Massenanziehung nicht zu gering sein ... Andererseits erscheint eine zu große Masse auch ungünstig, und zwar wegen des hohen Drucks der Atmosphäre, der die Gase verflüssigt, so daß die Oberfläche mit einem zusammenhängenden Hydridozean bedeckt ist. Landleben ist dort nicht möglich und wäre auch problematisch wegen der großen Schwere.« Unsere Milchstraße besteht aus etwa 200 Millionen Sonnen, und solche Galaxien existieren ebenfalls zu Milliarden. Die Zahlen sind beeindruckend und so hat man bisher damit gerechnet, daß es Millionen von Planeten geben könnte, auf denen »höhere Zivilisationen« möglich seien. Es gilt hier als Faktum festzuhalten, daß bisher noch **kein** Astronom einen einzigen nicht zu unserem Sonnensystem gehörigen Planeten jemals gesichtet hat. Aber auch die spekulativen Erwartungen hat jetzt der Amerikaner *M. Hart* von der »Systems and Applied Sciences Corporation« in Maryland in der Zeitschrift »Icarus« (Band 37, S. 351) drastisch reduziert. In einer früheren Arbeit hatte *Hart* die Möglichkeiten der Entstehung von Leben in unserem Sonnensystem nach evolutionistischen Gesichtspunkten untersucht. Er kam zu dem Ergebnis, daß Leben gerade eben noch auf der Erde möglich ist. Wäre der Abstand der Erde von der Sonne nur um 5 Prozent kleiner, dann hätte sich im Laufe von 3,7 Milliarden Jahren über den »Gewächshauseffekt« eine ebenso heiße Kohlendioxid-Atmosphäre wie auf der Venus (400 Grad Bodentemperatur) gebildet. Wäre die Erde andrerseits nur um

1 Prozent weiter entfernt, dann ergäbe sich innerhalb von 1,7 Milliarden Jahren eine eisige Atmosphäre wie auf dem Mars. *Hart* hat seine Untersuchungen nun auf eventuell existierende Planetensysteme anderer Fixsterne ausgedehnt. Er kam zu dem Ergebnis, daß genügend günstige Voraussetzungen für die Entstehung höherer Lebensformen überhaupt nur dann auftreten können, wenn das Zentralgestirn nicht wesentlich größer oder kleiner ist als die Sonne. Kleinere Fixsterne mit geringerer Strahlung haben eine noch begrenztere »Lebenszone«. Dieser Bereich ist zwar bei Sternen mit größerer Masse etwas breiter, aber bei nur 10 Prozent mehr Masse als unsere Sonne würde das Leben durch die damit verbundene erhöhte Ultraviolettstrahlung stark beeinträchtigt. Bei kleineren Sonnen wie z. B. Sterne des Spektraltyps K1 verringert sich die Zone möglichen Lebens auf Null, wenn die Sternmasse nur 0,83 der Sonnenmasse beträgt.

Nach *Harts* Überlegungen kämen überhaupt nur Fixsterne mit 0,8 bis 1,2 Sonnenmassen als Kandidaten für Planeten mit höheren Lebensformen in Betracht. Die Frage, ob sich um diese Sterne wirklich Planeten bewegen und ob sie sich in der »richtigen« Entfernung befinden, ist natürlich völlig offen. Hinzu kommt als weitere Einschränkung, daß ein erheblicher Anteil der Fixsterne Doppelsterne sind, bei denen die Störungen der Planetenbahnen so groß sind, daß nur in großen Abständen überhaupt stabile Bahnen möglich wären. Ein großer Abstand würde andrerseits den verlangten Temperaturbereich zwischen 0 und 100 Grad Celsius ausschließen. Die neuesten Untersuchungen von *Hart* zeigen, daß selbst unter dem Evolutionsaspekt die Chance für Leben im All als äußerst gering anzusehen ist. Dabei ist noch zu bedenken, daß bereits die Anfangsvoraussetzung, daß es solche Planeten gäbe, hypothetisch ist. Der Evolutionist Prof. *Heinz Haber* gibt jedoch freimütig zu [37]: »Mit unbewiesenen, ja sogar unbeweisbaren Hypothesen wagte man sich an die Deutung fundamentaler Probleme, so wie etwa die Grenzen und Entwicklungsgeschichte des Universums, die Entstehung des Planetensystems und damit auch der Erde, . . . des Lebens auf fremden Planeten und des Ursprungs des Lebens überhaupt.«

## 12.3. Die biblische Sicht

Was sagt die Bibel zu der Frage, ob Leben auf anderen Gestirnen existiert? Es gibt keinerlei explizite Andeutungen in dieser Richtung und doch können wir zu einer Antwort kommen, wenn wir uns den Gesamtrahmen der Schöpfung genauer ansehen. Die eigentliche Schöpfungsabsicht Gottes war der **Mensch.** Der Schöpfungsbericht in 1. Mose 1 verdeutlicht, daß der Mensch nicht sozusagen als Nebenprodukt der Schöpfung anfiel, sondern das Hauptziel darstellte. Der Mensch war die zentrale Figur des Planes Gottes. Auf diesen Zielpunkt hin gesehen dienen alle vorangegangenen Schöpfungstage der Vorbereitung, d. h. der Schaffung einer in jeder Hinsicht fertigen Wohnstätte des Menschen. So schreibt Prof. *H. Thielicke* [92]: »Wir spüren der Schöpfungsgeschichte ab, daß alles, was da über Pflanzen und Tiere, über Sonne und Mond gesagt ist, nur eine Ouvertüre bildet und daß sich der Vorhang erst in dem Augenblick hebt und die Dramen und Tragödien auf dieser Erde erst dann einsetzen, wenn der Mensch auftritt und seine Rolle zu spielen beginnt.«

Wie wertvoll der Mensch auch nach dem Fall in den Augen Gottes ist, geht aus dem teuren Loskaufpreis hervor: Er liebt den Menschen so sehr, daß er in seiner grundlo-

170

sen und unermeßlichen Liebe seinen geliebten Sohn op-
ferte, um ihn zu erretten (z. B. Joh. 3, 16; Jer. 31, 3; Eph.
2, 4; 2. Thess. 2, 16).

Der Mensch ist zur Gotteskindschaft durch JESUS
CHRISTUS und zur Gemeinschaft mit Gott entworfen.
Bis zur Wiederkunft JESU gilt das Angebot Gottes, die
Errettung persönlich aufgrund eigener Willensentschei-
dung zu ergreifen.

Betrachtet man unter diesem Hintergrund die **Sterne** in
der Schöpfungsordnung, so bilden sie ein Glied in der
vorbereitenden Kette. Ihr Zweck ist ein dreifacher:
– Sie dienen als Lichter der Nacht und zur Orts- und
   Zeitbestimmung (1. Mose 1, 14–16).
   Fragen des Kalenders, der Zeitrechnung oder der
   Orientierung im Gelände und bei Seefahrten gehören
   zu den Grundlagen unserer Kultur und beruhen auf
   astronomischen Beobachtungen der Gestirne.
– Sie verkündigen die Ehre Gottes.
– Sie weisen den Menschen auf den Schöpfer hin.

Die unermeßliche Zahl (Jer. 33, 22: »Wie man des Himmels Heer nicht zählen kann«), die Vielfalt der Sterne
hinsichtlich Art und Größe sowie die unvorstellbaren
Entfernungen legen ein ständig wachsendes Zeugnis von
Gottes unbegrenzter Macht und seinem Erfindungs-
reichtum ab. Der unauslotbare Reichtum und die Kraft
Gottes können an diesen Werken direkt abgelesen werden: »... weil das von Gott Erkennbare unter ihnen (den
Menschen) offenbart ist, denn Gott hat es ihnen offenbart, denn das Unsichtbare von ihm, sowohl seine ewige
Kraft als auch seine Göttlichkeit, die von Erschaffung der
Welt an dem Gemachten wahrgenommen werden, wird
geschaut (Röm. 1, 19–20, Elberfelder Übers.).« Diese
überreiche Fülle gibt ein beredtes Zeugnis der Ehre Gottes: »Die Himmel erzählen die Ehre Gottes und die Feste

verkündigt seiner Hände Werk (Ps. 19, 1).« So schrieb Prof. *Tholuck* [18]: »Und wenn alle Prediger auf Erden verstummten, und wenn kein Menschenmund mehr von Gott erzählte, dort oben erzählt und verkündigt es ohne Aufhören von Seiner großen Ehre und Herrlichkeit.« Die Predigt des Sternenhimmels von der Größe und Majestät Gottes geschieht lautlos und unaufdringlich und ist doch unüberhörbar: »Es ist keine Sprache noch Rede, da man nicht ihre Stimme höre (Ps. 19, 4).«

Kehren wir zu der Ausgangsfrage zurück, ob es Leben auf anderen Sternen gibt. Die Bibel macht keinerlei Andeutungen in dieser Richtung, ganz im Gegenteil: Der gesamte Kosmos wurde in einer Weise geschaffen, die auf den Menschen ausgerichtet ist und zum Gotteslob führt: »Herr, wie herrlich ist dein Name!« Somit gibt es nach dem biblischen Gesamtzeugnis sicher keine Menschen oder menschenähnliche Wesen auf anderen Planeten oder in anderen Sternensystemen, denn »der Himmel ist der Himmel des Herrn, aber die Erde hat er den Menschenkindern gegeben (Ps. 115, 16).«

# 13. Schlußbetrachtung

Wir haben mehrere Nobelpreisträger und andere bekannte evolutionistisch orientierte Wissenschaftler in ihren Aussagen zitiert, um ihre Denkweise kennenzulernen, aber auch um ein Wegstück mit ihnen zu gehen (Matth. 5, 41) und ihre Theorien sowohl im Lichte naturwissenschaftlichen Faktenwissens als auch auf biblischer Grundlage kritisch zu beleuchten.

Wir haben an Hand einer Auswahl naturwissenschaftlicher Argumente **Einwände** gegen die Evolutionstheorie vorgebracht, die z. T. sogar von den Evolutionisten selbst erkannt und – wie wir gesehen haben – auch freimütig zugegeben werden und auch solche, die in den Lehrbüchern über Evolution leider verschwiegen werden. Dies vorliegende Buch konnte wegen des gesetzten Rahmens nur einige Aspekte darstellen. So mußte hier auf eine ausführliche Behandlung der thermodynamischen Hauptsätze und auf die informationstheoretischen Aspekte weitgehend verzichtet werden. Neuere Veröffentlichungen aus verschiedenen Fachbereichen (z. B. Geologie [98], Paläontologie [84], Phylogenetik [75]) haben die Stützen der Evolutionstheorie stark erschüttert. In seinem Buch »Was ist Wahrheit in den Naturwissenschaften?« schreibt *Bernhard Bavink* [3]:
»Wenn es auch kein absolutes Wahrheitskriterium gibt, nach dem a priori entschieden werden könnte, wie viel und was an jedem einzelnen Satze der Naturwissenschaft wahr ist, so gibt es doch eins für das Gesamtsystem, nämlich das Kriterium der Konvergenz der Teilergebnisse. Wahr in der Naturwissenschaft ist das, was sich in das Gesamtsystem der Erkenntnisse harmonisch einfügt.«

Nach diesem naturwissenschaftlichen Kriterium müßte die Evolutionstheorie längst ad acta gelegt sein und nur noch in historischen Betrachtungen auftauchen. So aber stellt sich die Frage, warum denkende Menschen der Evolutionstheorie immer noch anhangen können. Ist es darüber hinaus nicht **wissenschaftlicher,** auch die über Raum und Zeit hinausgehende Wirklichkeit mit in Betracht zu ziehen als die Existenz dessen einfach zu leugnen, nur weil es auf rein materieller Grundlage nicht erschließbar ist? Die Antwort ist offenbar nicht aus dem Verstand heraus zu klären – obwohl auch intellektuell gesehen, der Schöpfungsbericht mehr **befriedigt** als der undurchsichtige Wald sich widersprechender Hypothesen bei der Evolutionstheorie –, sondern ist einzig geistlich zu sehen. Diesen Hintergrund finden wir in Röm. 1, 21 beschrieben: »Sie wußten, daß ein Gott ist und haben ihn nicht gepriesen als einen Gott, noch ihm gedankt, sondern haben ihre Gedanken dem Nichtigen zugewandt, und ihr unverständiges Herz ist verfinstert.« Im 7. Kapitel des vorliegenden Buches wurde der Weg aufgezeigt, der aus dieser Situation herausführt. Es gilt, das Angebot des liebenden Gottes zu verbreiten, der dem Aufrichtigen zusagt: »Ich will ihnen ein Herz geben, daß sie mich erkennen sollen, daß ich der Herr sei (Jer. 24, 7).«

Wenn dieses Buch dazu beitragen könnte, das Leben und Denken Suchender auf diesen neuen Kurs auszurichten oder zu festigen, der zum Ziel hinführt, dann ist mein Gebet erhört.

# Literaturverzeichnis

[1] Bamm, P.:            Eines Menschen Einfälle
Droemer Knaur, 1979, 121 S.

[2] Baumgartl, D.:      Über die biologischen Prinzipien einiger Rezeptortypen und ihre Eignung als Vorbilder technischer Systeme
Messen, Steuern, Regeln 14 (1971), S. 135–137.

[3] Bavink, B.:          Was ist Wahrheit in den Naturwissenschaften?
Eberhard Brockhaus-Verlag, Wiesbaden
2. Auflage 1948, 84 S.

[4] Bay, E.:             Das Nervensystem und die seelisch-geistigen Vorgänge
– Heutige Neurologie und ihr Wandel –
Universitas 34 (1979), S. 25–32.

*[5] Beck, H. W.:       Die Welt als Modell
Theologischer Verlag Rolf Brockhaus, Wuppertal, 1973, 84 S.

*[6] Beck, H. W.:       Biologie und Weltanschauung
– Gott, der Schöpfer und Vollender, und die Evolutionskonzepte des Menschen –
Hänssler-Verlag, Neuhausen-Stuttgart
Band 1, Reihe »Wort und Wissen«, 1979, 62 S.

*[7] Beck, H. W.:       Schritte über Grenzen zwischen Technik und Theologie
Teil 1: Der Mensch im System – Perspektiven einer kybernetischen Kultur
Hänssler-Verlag, Neuhausen-Stuttgart
Band 6 (Teil 1) Reihe »Wort und Wissen«, 1979, 251 S.

[8] Beier, W.:          Biophysik
VEB Georg Thieme, Leipzig,
4. überarbeitete Auflage, 1975, 384 S.

[9]   v. Bertalanffy, L.:      Biologie und Erforschung des Lebens
                               1965, S. 712–718.
[10]  Biologie:               Kleine Enzyklopädie
                              VEB Verlag Enzyklopädie Leipzig
                              Lizenzausgabe Verlag Harry
                              Deutsch, Thun und Frankfurt/M.,
                              1979, 896 S.
[11]  Bloomfield, V. A.,      Biophysical Chemistry
      Harrington, R. E.:      – Physical Chemistry in the Biologi-
                              cal Sciences –
                              Readings from Scientific American,
                              Selected and Introduced by Bloom-
                              field and Harrington, 1975, 231 S.
[12]  Blum, H. F.:            Time's Arrow and Evolution
                              Princeton, New York, 1955.
[13]  Bonner, J. T.:          American Scientist, Vol. 49, Juni
                              1961, S. 240.
[14]  Buber, M.:             Das Buch der Preisungen
                              R. Brockhaus-Verlag, Wuppertal,
                              1977, 221 S.
*[15] Buchholz, S.:           Nachahmung des Menschen
                              Rolf Brockhaus Verlag, Wuppertal,
                              1968, 98 S.
[16]  Braunschweiger Zeitung  »Waldheim zeichnet Botschaft für
                              Lebewesen im Weltall auf«
                              BZ vom 4. 6. 1977.
[17]  Braunschweiger Zeitung  »US-Forscher suchen jetzt nach
                              Funksignalen von Außerirdischen«
                              BZ vom 11. 4. 1978.
*[18] Briem, W.:              Die Sterne und die Bibel
                              Herausgeber: R. Mohncke, 5609
                              Hückeswagen,
                              1970, 36 S.
[19]  Calvin, M.:             Die chemische Evolution und der Ur-
                              sprung des Lebens
                              Die Naturwissenschaften 43 (1956),
                              S. 387–393.
[20]  Dröscher, V. B.:        Magie der Sinne im Tierreich
                              List Verlag München, 1966, 295 S.
[21]  Eberle, P.:             Genetische Variabilität des Men-
                              schen
                              Umschau 73 (1973), S. 717–722.
[22]  Eden, M.:               Mathematical Challenges to the
                              Neo-Darwinian Interpretation of
                              Evolution

176

| | Abhandlung bei P. S. Moorhead und M. M. Kaplan, Hrsg. |
|---|---|
| [23] Ehlers, J.: | Leben und Werk Einsteins<br>Umschau 79 (1979), S. 7–10. |
| [24] Eigen, M.: | Selforganisation of Matter and the Evolution of Biological Macromolecules<br>Naturwissenschaften 58 (1971), S. 465–523. |
| [25] Eigen, M.: | Manfred Eigens Theorie über die Evolution biologischer Makromoleküle<br>Umschau 73 (1973), S. 420–422. |
| [26] Eigen, M.,<br>Schuster, P.: | The Hypercycle<br>Naturwissenschaften 64 (1977), Part A: S. 541–565;<br>Part B: 65 (1978), S. 7–41; Part C: S. 341–369. |
| [27] Flechtner, H.-J.: | Grundbegriffe der Kybernetik<br>Wissenschaftliche Verlagsgesellschaft mbH, Stuttgart<br>4. Auflage 1969, 423 S. |
| [28] Forth, E.,<br>Schewitzer, E.: | Das biologische Objekt als Vorbild der Technik, Messen, Steuern, Regeln 14 (1971), S. 130–34. |
| [29] Frankfurter Allg. Ztg. | »Intelligenzen im Weltraum – noch seltener«<br>FAZ vom 25. 4. 1979 |
| [30] Gitt, W.,<br>Herrmann, H. J.: | Digitale Simulation kontinuierlicher Systeme mit und ohne Parameteroptimierung<br>PTB-Bericht ATWD-10, Mai 1977, 58 S. |
| *[31] Gitt, W.,<br>Wermke, M.: | Schöpfung oder Evolution<br>Stephanus Edition, Seewis/Uhldingen<br>1. Auflage 1979, 109 S. |
| [32] Gitt, W.: | Die Anwendung der mathematischen Wahrscheinlichkeitsrechnung auf biblische Prophetien<br>Zeitschrift »factum« Nr. 2, 1980<br>Herausgeber: Förderung christlicher Publizistik<br>Postfach 263,<br>CH-9435 Heerbrugg. |

*[33] Gottwaldt, W.:           Wissenschaft contra Bibel?
Verlag der Liebenzeller Mission, Bad
Liebenzell
6. Auflage, 1979, 95 S.

[34] Güntheroth, H.:          Kristalle als Superspeicher
Physik in unserer Zeit 9 (1978),
S. 72–74.

[35] Gutmann, F. W.:         Veränderungen im Evolutionsverständnis
– Neue Aspekte der Evolutionsforschung –
Universitas 33 (1978), S. 1297
bis 1304.

[36] Haaf, G.,               Universum – Leben Mensch
     v. Randow, T.:        Eine Trilogie der Anfänge
Sonderdruck aus Nr. 6–8: »DIE
ZEIT«, Febr. 1978, 32 S.

[37] Haber, H.:             Bevor das Leben das Land eroberte:
Die panthalassische Erde
Bild der Wissenschaft, 6, 1977,
S. 89–100.

[38] Harbers, E.:           Nucleinsäuren
– Biochemie und Funktionen –
Georg Thieme Verlag Stuttgart,
2. stark überarbeitete und erweiterte
Auflage 1975, 350 S.

[39] Hausmann, M.,       Welt aus Licht und Eis
     Bartels, R.:          Neukirchener Verlag, 1979, 112 S.
*[40] Heinze, T. F.:         Schöpfung contra Evolution
Verlag Lebendiges Wort GmbH
Berlin – Augsburg, 1974, 160 S.

[41] Heynert, H.:           Grundlagen der Bionik
Dr. Alfred Hüthig Verlag, Heidel-
berg, 1976, 235 S.

*[42] Hitzbleck, E.:         Wie finde ich des Lebens Sinn?
– Wegweisung für den denkenden
Gottsucher –
Brendow-Verlag, Moers 1, 1976,
160 S.

*[43] Hitzbleck, E.:         Die Schöpfung als Gottesoffen-
barung:
Sehen mit vieltausend Augen
Sendung Nr. 909/17 vom 29. 11.
1977, 21.30 Uhr, Evangeliums-
Rundfunk, Wetzlar.

178

[44] Illies, J.: Für eine menschenwürdigere Zukunft
Herderbücherei, Band 432,
5. Auflage 1977, 124 S.

[45] Illies, J.: Zu wahr, um schön zu sein
Herderbücherei Band 638, 1977,
127 S.

[46] Illies, J.: Die Evolution und der Weg des Menschen
– Versuch einer Synthese –
Universitas 33 (1978), S. 1167
bis 1176.

[47] Illies, J.: Mit dem Kopf durch den Sand
Deutsches Allgemeines Sonntagsblatt vom 7. 5. 1978.

*[48] Jauncey, J. H.: Naturwissenschaft auf den Spuren Gottes
J. G. Oncken-Verlag, Kassel, 1964,
112 S.

[49] Jugendreport 1976: Empirische Aspekte zur Beurteilung der Situation der Jugend in der heutigen Zeit
Intensivgruppe der Klasse 13a des Martino Katharineums zu Braunschweig
Druck: Propstei Vechelde, 1976,
59 S.

[50] Kälin, J.: Zur Frage der Kausalität in der Makroevolution
Naturwissenschaften 46 (1959),
S. 1–9.

[51] Kaplan, R. W.: Der Ursprung des Lebens
dtv-Taschenbuch, Georg Thieme Verlag, Stuttgart
1. Auflage 1972, 318 S.

[52] Kaplan, R. W.: Ursprung des Lebens durch Zufall
Umschau 72 (1972), S. 456–461.

[53] Kemner, H.: Es gibt nichts Schöneres
Verlag der St.-Johannis-Druckerei S. Schweickhardt, Lahr-Dinglingen,
1977, 78 S.

[54] Kemner, H.: Befreiendes Leiden
Zeitschrift »Erweckliche Stimme«
Krelingen, Walsrode, April 1979.

[55] Keosian, J.:     Life's Beginnings – Origin or Evolution?
Origins of Life 5 (1974), S. 285–293.

[56] Kleinert, I. et al.:     Werte und Normen
Modell 4, Judentum
Vandenhoeck & Ruprecht, Göttingen und Zürich, 1978, 94 S.

[57] Koch, A.:     Ein System zur vollautomatischen Auswertung niederaufgelöster Massenspektren
Meßtechnische Praxis ATM, Lieferung 462, Juli 1974.

[58] Koler, K. A.,     Recognizing Patterns
Eden, M.:     Studies in Living and Automatic Systems, (zitiert in [99])

[59] Kuhn, H.:     Modellvorstellungen zur Entstehung des Lebens
Phys. Blätter, 34 (1978), Teil I: S. 209–217, Teil II: S. 255–263.

[60] Lamparter, H.:     Prüfet die Geister
– Philosophen und Denker von Kant bis Bloch –
Aussaat Verlag, Wuppertal
3. neubearbeitete und erweiterte Auflage 1975, 140 S.

[61] Laskowski, W.,     Biophysik, Band I und II
Pohlit, W.:     Georg Thieme Verlag, Stuttgart, 1974, 507 S.

[62] Lexikon der Physik:     Frankh'sche Verlagsbuchhandlung Stuttgart, 1969,
3. Auflage, Band 1: A–H, 706 S., Band 2: I–R, 777–1452 S., Band 3: S–Z, 1453–1960 S.

[63] Löbsack, T.:     Stirbt der Mensch aus? »Versuch und Irrtum«
– Der Mensch als Fehlschlag der Natur –
Pharmazeutische Zeitung 119 (1974), S. 1606–1607.

[64] Lorenz, K.:     Die Rückseite des Spiegels – Versuch einer Naturgeschichte menschlichen Erkennens
R. Piper & Co. Verlag,
München-Zürich
2. Auflage 1973, 338 S.

[65] Lorenz, K.:           Über die Entstehung von Mannigfaltigkeit
Naturwissenschaften 52 (1965), S. 319–329.

[66] Mayr, E.:           Grundgedanken der Evolutionsbiologie
Naturwissenschaften 56 (1969), S. 392–397.

[67] Mayr, E.:           Selektion und die gerichtete Evolution
Naturwissenschaften 52 (1965), S. 173–180.

[68] Monod, J.:          Zufall und Notwendigkeit
Deutscher Taschenbuch Verlag dtv, 3. Auflage 1977, 172 S.

*[69] Morris, H. M.:    Evolution im Zwielicht
Verlag Lebendiges Wort GmbH, Berlin – Augsburg
2. Auflage 1974, 127 S.

[70] Müller, W.:         Theologie der Schöpfung
Zeitschrift »Die Gemeinde« Nr. 24, 1979
Oncken-Verlag, Kassel.

*[71] Muschalek, H.:   Gottbekenntnisse moderner Naturforscher
Morus-Verlag, Berlin, 4. Auflage 1964, 296 S.

[72] Öpik, E. J.:        About Dogma in Science and other Recollections of an Astronomer
Ann. Rev. Astron. Astrophys. 15 (1977), S. 1–15.

*[73] Ouweneel, W. J.:  Gedanken zum Schöpfungsbericht in 1. Mose 1
Ernst-Paulus-Verlag, Neustadt/Weinstr.
2. Auflage 1975, 200 S.

*[74] Pearce, V.:        Wer war Adam?
R. Brockhaus-Verlag, Wuppertal, 1974, 179 S.

[75] Peters, D. S., et al.:  Evolutionstheorie und Rekonstruktion des stammesgeschichtlichen Ablaufs
Umschau 74 (1974), S. 501–506.

[76] Philippow, E.:     Taschenbuch Elektrotechnik
Band 3 Nachrichtentechnik

|  |  |
|---|---|
|  | VEB Verlag Technik Berlin, 1969, 1624 S. |
| [77] Planck, M.: | Wege der physikalischen Erkenntnis 4. Auflage Leipzig 1944. |
| [78] Portmann, A.: | Ehrfurcht vor dem Leben und die Biologie unserer Zeit Universitas 32 (1977), S. 257–264. |
| [79] Radnitzky, G.: | Erkenntnisfortschritt und Theorienbewertung Naturwissenschaften 66 (1979), S. 121–129. |
| [80] Remane, A., Storch, V., Welsch, U.: | Evolution dtv-Taschenbuch, Wissenschaftliche Reihe 2. Auflage 1975, 241 S. |
| [81] Sauer, H. W.: | Biologische Entwicklung – eine grandiose »Flickschusterei« der Natur Umschau 78 (1978), S. 459–467. |
| [82] Schaaffs, W.: | Christus und die physikalische Forschung Evangelisationsverlag, Berghausen/Baden 3. Auflage 1969, 317 S. |
| [83] Scheffbuch, K.: | Erfolg – und was dann? Ein Mann der Wirtschaft zieht Bilanz R. Brockhaus-Verlag, Wuppertal 3. Auflage 1978, 85 S. |
| *[84] Scheven, J.: | Daten zur Evolutionslehre im Biologieunterricht – Kritische Bilddokumentation – Hänssler-Verlag, Neuhausen-Stuttgart Band 2, Reihe »Wort und Wissen«, 1979, 132 S. |
| [85] Schief, A.: | Bionik: Technisches Peilgerät nach dem Vorbild der Stechmücken Umschau 72 (1972), S. 721–724. |
| [86] Schlag nach: | Wissenswerte Tatsachen aus allen Gebieten Bibliographisches Institut Mannheim 6. Auflage 1960, 800 S. |
| [87] Schremmer, F.: | »Geborgte Beweglichkeit« bei der Bestäubung von Blütenpflanzen Umschau 69 (1969), S. 228–234. |
| [88] Schröder, J.: | Was ist Leben? |

|  | Eine Einführung in die moderne Biologie, 1971. |
| [89] Sitte, P.: | Unterwegs zu einem Weltbild der Naturwissenschaften Naturwissenschaften 66 (1979), S. 273–278. |
| [90] Steinbuch, K.: | Falsch programmiert Deutscher Bücherbund, Hamburg, 1968. |
| [91] Störig, H. J.: | Knaurs Buch der modernen Astronomie Droemer Knaur, 1972, 324 S. |
| [92] Thielicke, H.: | Wie die Welt begann Quell-Verlag, Stuttgart, 1960, 250 S. |
| [93] Thompson, W. R.: | Vorwort zu: The Origin of Species by Charles Darwin, Everyman's Library, New York E. P. Dutton & Co., Inc., 1956. |
| [94] Tischner, H.: | Gehörsinn und Fluggeräusch bei Stechmücken Umschau 55 (1955), S. 368–370. |
| [95] Vinnikov, Y. A.: | Sensory Reception Molecular Biology Biochemistry and Biophysics Springer-Verlag Berlin, Heidelberg, New York, 1974, 392 S. |
| [96] Vollmert, B.: | Das Makromolekül DNS Entstehung und Entwicklung des Lebens: Fügung oder Zufall? G. F. Sass-Verlag, Pfinztal, 1978, 109 S. |
| *[97] Watson, D. C. C.: | Die große Gehirnwäsche, Schöpfung oder Evolution? Verlag Hermann Schulte, Wetzlar, 1. Auflage 1977, 166 S. |
| *[98] Whitcomb, J. C., Morris, H. H.: | Die Sintflut Hänssler-Verlag, Neuhausen-Stuttgart, 1. Auflage 1977, 517 S. |
| *[99] Wilder-Smith, A. E.: | Die Erschaffung des Lebens Hänssler-Verlag, Neuhausen-Stuttgart, 1972, 252 S. |
| *[100] Wilder-Smith, A. E.: | Gott: Sein oder Nichtsein? Eine kritische Stellungnahme zu Mo- |

|  |  | nods naturwissenschaftlichem Materialismus |
| | | Hänssler-Verlag, Neuhausen-Stuttgart, 1973, 142 S. |
| *[101] | Wilder-Smith, A. E.: | Die Naturwissenschaften kennen keine Evolution |
| | | Schwabe & Co. Verlag, Basel – Stuttgart, 1978, 144 S. |
| *[102] | Wilder-Smith, A. E.: | Der Mensch – ein sprechender Computer? |
| | | Verlag Schulte + Gerth, Wetzlar |
| | | 1. Auflage 1979, 96 S. |
| [103] | Woltereck, H.: | Das unwahrscheinliche Leben |
| | | – Eine Biologie für alle – |
| | | Heering-Verlag, Seebruck am Chiemsee |
| | | 1. Auflage 1950, 234 S. |
| [104] | Wuketits, F. M.: | Gesetz und Freiheit in der Evolution der Organismen |
| | | Umschau 79 (1979), S. 268–275. |

* Die mit einem Stern versehene Literatur ist eindeutig kreationistisch geprägt.

# Namenregister

186

# Verzeichnis der Bibelstellen

Die meisten wörtlich zitierten Bibelstellen wurden nach der Luther-Übersetzung (AT: 1912; NT: 1956) angegeben; andere Übersetzungen sind besonders gekennzeichnet (B: Martin Buber, E: Elberfelder, H: Manfred Hausmann, M: Hermann Menge, J: Jerusalemer Bibel, Z: Zürcher Bibel).

# Sachregister